KB164139

대한민국에
인사는 없다

대한민국에
인사는 없다

미생의 혁신, 광화문 500일 이야기

· 이근면 지음 ·

한국경제신문

인사행정은 피의 흐름과 같다. 관료주의라는 혈전이 끼지 않은, 원활한 혈류 상태라면 그 이상 건강한 몸은 없으리라 본다. 청와대는 몸으로 치면 뇌에 해당된다. 뇌에 피가 원활히 공급되어야 창조적 국정운영을 할 수 있는데, 혈류가 순조롭지 않으면 뇌성마비 증세를 일으키기 알맞다. 다소 경직된 국정운영이라 할지라도 시장의 맑은 피가 수혈된다면, 정부관료 행정이 한 차원 달라질 것이다. 초대 인사혁신처장을 지낸 저자는 삼성에서의 인사 경험을 공공행정에 접목해 어김없고 진취적 인사행정을 몸과 마음으로 수행했다. '인사미래비전 2045'을 수립해 미래 공무원의 인재상과 정책의 방향성을 제시한 것은 내일을 내다본 대표적 예다. 국가경쟁력이 어디서 비롯되는지 기업 인사와 정부 인사를 저울질하며 파악해 과감한 개혁을 시도했던 저자의 통찰력이 돋보이는 책이다. 남은 숙제 역시 저자의 몫이다.

– 김광웅 (초대 중앙인사위원회 위원장, 서울대학교 행정대학원 명예교수)

이 책에 담긴 내용은 내가 예전에 4년 4개월간 중앙인사위원장으로서 느끼고 경험하고 생각했던 것과 무척이나 닮아 있다. 문제는 아직도 우리나라의 인사가 그것이 정무직이나 직업공무원직이나 간에 빈자리 채우느라 세월 다 보내고, 채워야 할 자리가 무슨 일을 하는 자리이며, 이번 인사에서는 특히 어떤 인재가 요구되는지에 대한 고민이 부족한데서부터 출발하는 것이 아닌가 생각된다. 이 책의 저자는 오늘날 우리나라 인사행정의 난맥상의 주된 원인들로 순환보직제, 효율성을 무시한 공공성, 칸막이와 영역 싸움, 인사관리가 없는 인사 등 조목조목 잘 지적했다. 그간 글로벌 기업에서 연마한 예리한 관찰력과 분석력으로 거침없이 파헤쳐 나가면서도 읽는 이의 눈살을 최소한으로 찌푸리게 한 것은 거기서 터득한 관리자의 부드러움과 여유 때문인지 모른다. 그의 혜안과 노고가 헛되지 않도록 더 많은 이 나라의 공직자와 인사전문가들이 이 책을 숙독하기를 권면한다.

– 조창현 (제2~3대 중앙인사위원회 위원장)

'이제는 사람이다!' 라는 화두를 지속적으로 우리 사회에 던져온 저자는, 이 책을 통해 그 내면에 쌓여가는 간절함을 국민들과 나누고 싶어 한다. 더 나은 미래를 함께 준비하고 싶은 것이다. '대한민국에 인사는 없다' 라는 그의 책 제목은 '인사' 의 중요성을 더욱 강조한다. 세계 일류 민간기업 출신인 그는 오랫동안 큰 변화를 느끼기 어려웠던 우리나라 공직사회에, 초대 인사혁신처장으로 '혁신' 이라는 충격파를 던졌다. 이 책은 공직사회의 모든 것을 어떻게 바꿔야 하는지에 대한 혜안을 우리에게 준다. 그가 600일 동안 정부에 몸담으며 인사혁신을 주도해온 생생한 현장이야기는 정부 시스템 생태계를 있는 그대로 느끼게 하며, 새로운 변화를 자극한다. 저자는 언제 어디서나 '사람', '가치', '꿈' 을 이야기하며, 인재 중심의 국가 경영 전략을 강조한다. 국민 중심의 공직 문화를 위한 성찰적이며 시대를 앞선 저자의 이야기들에서 우리는 분명히 희망과 꿈의 미래를 만나게 될 것이다.

– 민경찬 (인사혁신추진위원회 민간위원장, 연세대학교 명예특임교수)

이 책은 민간에서 최고의 인사전문가였던 저자가 20개월간 낯선 환경인 공직사회에 들어가 생생한 현장을 답사한 '공직 답사보고서' 이고 '투쟁의 기록' 이며 '냉철한 반성과 대안을 담은 제안서' 다. 또한 불철주야 공익을 위해 애쓰는 공직자들이 더욱 즐겁고 자랑스럽게 조국의 미래를 위해 일할 수 있는 환경을 만들어 주기 위한 '제도개선을 위한 비망록' 이다. 4차 산업혁명의 시대를 맞아 이 책을 통해 대한민국의 인사철학과 인재상이 바뀌고 인재경영을 촉진하는 창조적인 인사정책이 마련되어, 위기에 처한 대한민국을 구하는 기폭제가 되기를 기원한다.

– 강신장 ((주)모네상스 대표, 한양대학교 특임교수)

인사혁신은 아직 끝나지 않았다

이 책은 회고록이 아니다. 초대 인사혁신처장으로 재임하며 경험했던 일과 아쉬움 그리고 나의 생각 및 제언을 기록한 것이다. 국가 인사혁신의 바람을 일으켰고, 어떻게 하면 우리나라 공무원의 가치를 높여 역량을 발휘하게 할지 그 답을 찾기 위해 또 제값 받는 공무원을 만들기 위해 누구보다 깊은 생각과 노력을 기울였다.

미래를 대비하는 가장 확실한 길은 우리가 가진 유일한 자원인 '인재'가 지식을 넘어 더욱 많은 가치를 창출할 수 있도록 국가 인재 경영을 통해 가치를 극대화하는 데 있을 것이다. 인사혁신처장으로 취임한 뒤 우리 민간 기업이 세계 일류가 되기까지 걸어온 길을 반추하며, 대한민국의 위대한 미래를 위한 국가 경영과 국민의 인재화에 대해 끊임없이 고민했다. 인사혁신을 위한 3개년 계획을 수립하고 시행하는 한편, 학계 및 민간 전문가들과 함께 미래를 이끌어갈 공무원들의 인사 정책을 연구 및 분석하고 전략적 실행을 위해 '인사혁신추진위원회'를 만들었다. 그리고 국가의 미래를 위한 국민 개개인의 인재화와 공무원의 역할과 관련한 토론과 연구를 통해 과연 우리는 무엇을 준비하고 어떻게 변화해나가야 할지 그 방향을 설정하고 추진해왔다.

또한 인사혁신처와 인사혁신추진위원회에서 논의하고 프로젝트화해 '인사미래비전 2045'를 만들었다. 이를 통해 앞으로 가야 할 미래 공무원 인재상과 인사 정책은 물론 국가의 미래에 필요한 변화와 대응을 연구하고 국가가 가야 할 미래 인재 정책을 제안해 단기와 중장기를 아우르는 국가 인사 정책과 인재 경영의 기틀을 만들고자 하였다.

20개월의 인사혁신처장 직을 마무리하며, 바둑으로 치자면 두 집을 만드는 완생을 꿈꾸었으나 한 집을 만들고 나머지 한 집은 '빅'을 만들었다. '빅'이 해소될 때까지 아직 인사혁신은 끝나지 않았으며 아마 지속적으로 추진될 것이다. 돌이켜보면 그래도 그동안 인사혁신의 포석은 만들지 않았나 하는 자평을 해본다. 국가의 미래를 고민하고 준비하며 3개년 계획을 통해 변화와 방향을 제시했고, 그 혁신의 성과는 앞으로의 20년 후를 꿈꾸며 실행할 사람에게 달려 있을 것이다. 그 대한민국 백 년의 미래, 결국 공무원의 몫이 아닐까?

국가를 운영하는 정부 역할과 그 운영의 효율화는 국가의 힘이자 경쟁력이 될 것이다. 그동안 국가 경영에 참여한 경험과 세계적으로 성장한 기업에 몸담은 경험, 또 학교에서 청년들과 호흡하며 줄곧 떠올린 국가 미래에 대한 고민 등을 통해 얻은 생각과 몇 가지 제언을 정리해봤다. 이는 우리가 지속적인 발전을 통해 '위대한 대한민국'의 시대를 만들어가는 과정에서 최소한 추진해야 할 일들이라 생각한다.

이 책에 실려 있는 내용은 환경과 시스템 문제를 거론하기 위한 것이다. 문제 개선과 혁신의 당위성을 알리고 강조하기 위함이다. 모쪼록 미래를 위한 밑거름이 되었으면 하는 마음으로 정리한 것임에도, 이로 인해 혹시 오해가 불거지진 않을까 우려도 된다. 어느 개인의 문제로 거론코자 하는 것이 아님을 감안해주길 바란다.

발간을 하기까지 전심으로 도와주신 한국경제신문 한경BP의 전준석 주간, 이혜영 팀장, 정리를 도와준 홍원기, 전현덕 님에게 다시한 번 고마움을 전한다.

2017년 3월
이근면 전 인사혁신처장

우리는 어디에서 와서 어디로 가는가

그렇게 나도 공무원이 되었다

공무원. 인사혁신처장으로 임명되기 전까지 나와는 낯선 단어라 생각하고 살아왔다. 공직사회에 대한 관심은 있었지만 '공무원'이라는 단어는 왠지 나와 어울리지 않는 것 같았기 때문이다. 그랬던 내가 우연인지 필연인지 모를 계기로 공직에 발을 들인 뒤 제일 많이 받은 질문은 "도대체 어떻게 그 자리에 가게 되었느냐"는 것이었다. 대통령과는 무슨 사이며, 어떤 배경이 있었는지 언론사를 비롯한 정부 내외부를 막론하고 여러 곳에서 같은 질문을 수도 없이 받았다.

내가 그동안 정부 일이나 정치 활동을 해온 것이 아니니 궁금할 법도 하긴 했다. 솔직히 나도 그것이 궁금한 입장이었다. 다만, 내가 제법 오랫동안 인사 업무와 관련한 전문성을 쌓아왔고 또 사회 활동을 하면서 쌓인 인연들로 말미암아 알음알음으로 천거된 것이 아닐까 개인적으로 추측할 뿐이다.

나는 공무원이 되기 전 37년간 민간 기업의 '인사' 분야에서 근무하며 전문성을 쌓았다. 그리고 퇴직 후에는 학교에서 학생들을 가르치고 청년실업 문제와 관련한 NGO 활동에 매진했다. 이때 나는 정부 밖에서의 활동에 한계를 실감했고, 이는 정부 일에 관심을 갖게 된 계기가 되었다. 만약 내가 정부에 들어가게 된다면 보다 실효성 있게 정책을 추진할 수 있지 않을까 하는 막연한 생각을 해보기도 했다.

그러다가 어느 날 갑자기 진짜 공무원이 되어버린 것이다. 대통령이 직접 임명하는 정무직 공무원 말이다. '공무公務에 종사하는 자'를 이르는 공무원이라는 단어는 그렇게 내게 진지하게 다가왔다. 그런데 솔직히 고백하자면, 막상 들어와 보니 공직사회의 분위기는 내 생각과는 다소 거리가 있어 보였다.

우연한 기회에 '어공'과 '늘공'이라는 단어를 들은 적이 있다. 청와대에 들어온 행정관들 사이에 유행한 말이라는데, '어공'은 '어쩌다 공무원이 된 사람' 그리고 '늘공'은 '늘 공무원인 사람, 직업공무원'을 뜻한단다. 우스갯소리라고는 하지만 공무원이 그저 어쩌다 하는 직업이란 말인가. 나는 그래서 '나공'이라는 신조어를 만들어 쓰기 시작했다. '나도 공무원'. 적어도 공무원이라면 하루를 일해도 주어진 소임에 최선을 다하겠다는 마음가짐과 사명감을 가지고 임해야 하지 않을까.

공무원이라면 누구나 임용 시 '공무원 선서'를 한다. '나는 대한민국 공무원으로서'로 시작하는 이 선서에는 공무원들이 직무를 수행하며 지녀야 할 근본 가치가 담겨 있다. 그런데 재직 중인 공무원들에게 이 선서는 잊혀진 무언가나 존재감 없는 그 무엇인 듯했다. 늘 마음속에 지니고 있어야 할 중요 가치가 경시받고 있는 듯해 씁쓸한 마음이 일었다. 나는 먼저 인사혁신처의 통화 연결음을 공무원 선서로 바꾼 뒤 이어 개인 핸드폰 컬러링도 그렇게 바꿨다.

정부서울청사 현관에는 1967년 당시 대통령이 쓴 현판이 걸려 있다. "우리의 후손들이 오늘에 사는 우리 세대가 그들을 위해 무엇을 했고 조국을 위해 어떠한 일을 했느냐고 물을 때…" 하며 이어진다. 윈스턴 처칠Winston Churchill은 "고귀한 대의를 달성하기 위해 노력하고 우리가 떠난 뒤 여기서 살아갈 사람들을 위해 이 혼란에 빠진 세상을 더 나은 곳으로 만들려 노력하지 않는다면, 과연 산다는 것이 무슨 소용이 있겠는가"라고 말하기도 했다.

나는 이 두 가지 말을 액자에 넣은 뒤 집무실 옆 회의실에 걸어놓았다. 이 말들을 공직에 임하는 마음 자세와 업무를 대하는 태도, 또 앞으로 부처를 이끌어나갈 이정표로 삼고 싶었다. 그리고 '소년'이라는 조각상을 집무실 의자 뒤에 갖다놓고 업무를 처리함에 있어서 소년의 눈으로, 또 편향되지 않은 시각으로 사안을 바라보겠노라 다짐했다.

뜻하지 않게 시작하게 된 공무원의 길이었지만 미약한 힘이나마 최선을 다하고 싶었던 것이다. 앞으로 우리 아이들이 살아갈 나라를 위해, 한강의 기적을 넘어 태평양의 기적을 만들기 위해, 그리고 위대한 대한민국을 건설하기 위해….

1장   공직사회 엿보기

2장 미생의 혁신을 시작하다

3장 500일의 혁신을 돌아보며

4장 위대한 대한민국을 향한 생각들

1장

———

공직사회
엿보기

다이아몬드 인재,
가치를 빛내려면

4,120명을 선발하는 2016년 국가직 9급 공채시험에 22만 명이 몰려 평균 경쟁률 54대 1을 기록했다고 한다. 5급 공채시험 합격자 중 이른바 'SKY 대학' 출신 비율이 60~70%에 이른다는 보도도 있으니 공직에 우수한 인재들이 들어오고 있음은 분명해 보인다. (참고로 정부는 합격자의 출신 대학에 대한 통계를 산출하지는 않는다.)

민간 기업에서 오랜 기간 인사관리를 하다 공직에 들어와 보니 그야말로 명불허전名不虛傳이다. 공무원들은 기본적인 인프라가 훌륭하고 판단력과 역량이 갖춰진 인재들이 많다. 젊은 직원들도 두뇌 회전이 빠르고, 자료 작성 능력이나 보고 능력이 좋은 친구들을 찾기 어렵지 않다. 기본적으로 '모범생' 성향의 사람들이 많고 주어진 일을 최선을 다해 잘해내고자 하는 마음가짐을 갖고 있다.

그럼에도 불구하고 이들에 대한 나의 지배적 생각은 '아깝다'이다. 원석原石 같은 인재들을 잘 다듬고 보살펴서 훌륭한 보석으로 만들 수 있을 것 같은데 그렇지 못해서다. 기업에서는 B급 인재를 뽑았다 해도 A급 인재로 성장시키는 시스템을 만들고자 심혈을 기울였었는데, 정부는 이처럼 '가치'를 높여주는 일에 대한 관심이 다소 부족해 보인다. 오히려 S급 인재가 시간이 지나면서 잠재력을 발휘하지 못하게 되는 모습을 많이 접했다.

이들에게서 찾기 어려웠던 세 가지 단어는 바로 미래, 세계, 경쟁력이다. 우리나라가 지속적인 번영을 누리기 위해서는 이 세 단어가 공무원들의 마음속에 깊이 뿌리내려야 하지 않을까. 과거의 문제에 머물러 갈등하지 말고 미래를 열고서 세계 정부와 경쟁할 실력을 갖춰야 하지 않을까.

패스트팔로워fast follower로 선진국을 뒤따라가던 시대는 갔다. 이제 아무도 걸어본 적 없는 지뢰밭에 첫 발을 내딛고 가야 하는 세상이다. 언제 어디서 터질지 모른다. 우리나라가 그만큼 성장했다. 공무원은 그 발을 어디 디딜지 판단하는 두뇌의 역할을 해야 하지 않을까. 그렇게 하기 위해 이들이 지닌 잠재력을 지금보다 훨씬 더 발휘할 수 있는 환경을 만들어줘야 하지 않을까.

벼룩은 60센티미터를 뛸 수 있는데 30센티미터 컵에 가둬놓으면 몇 번을 부딪친 후에 컵을 치워도 28센티미터만 뛴다고 하는 〈광수생각〉이란 만화를 본 적이 있다. 공무원들은 더 뛸 수 있고, 더 적극적이고 진취적으로 뻗어나갈 수 있는데 많은 공무원들은 속도 완급 조절과 평타 치기에 더 관심 있어 보인다. 어떤 인센티브 메커니즘이 이러한 행동을 보이게 하는 것일까. 인사를 담당하는 부처 입장에선 심각히 고민해볼 문제다.

코이라는 물고기는 어항에 담아놓으면 5~8센티미터, 연못에 놓으면 15~25센티미터, 강에서 자라면 1미터가량의 길이로 성장한다고 한다. 지금 우리 공무원들은 어디에 살고 있을까. 어항일까, 강일까. 다이아몬드 인재 그 본질의 가치를 잘 발전시키고 키워주면 좋겠다는 바람이다. 나는 우리나라의 미래를 개척하고 결정할 이 집단이 분명 1미터 길이 이상의 물고기로 성장할 수 있는 잠재력이 있다고 생각한다. 우리는 이들이 어항이 아닌 강에서 성장하게끔 해줘야 한다.

또한 공직에 임하는 자세 개선이 이뤄져야 한다. 이와 관련해 내가 공직에 들어와 직원들에게 자주 했던 말이 있다. 맡은 일을 수행할 때 귀납적이 아니라 연역적으로 생각하라는 것이다. 문제가 발생했을 때, 만약 그 현상을 해결해야 한다는 데에 공감을 했다면 어떠한 방법이 되었든 해결 방법을 생각하고 찾아야 한다. 이런 자세가 필요하다. 그런데 대다수 공직자들은 이렇게 하면 어떤 문제가 생기고 왜 그것이 안 되는가에 먼저 관심을 갖는 듯했다. 해결의 필요성을 공감하고 이것을 해야겠다고 생각했다면 우선 되는 방향으로 초점을 맞춘 뒤, 이러이러한 부작용이 예상되니 그 부분은 이렇게 해결해야겠다고 고민하는 자세가 필요하지 않을까. 즉 문제를 해결하려는 '의지'가 필요하다는 것이다.

해결에 대한 의지 없이 상명하복 식의 자세로만 일에 임하다 보면 지시한 내용의 머리와 꼬리가 다 잘린, 형체를 알아보기 힘든 '괴물'이 등장한다. 당초 지시한 일의 취지는 온데간데없어지고 해괴한 결과물이 나타난다는 것이다. 그 일의 목적과 의미를 공유했다면 1을 시켰을 때 1만 딱 하고 마는 것이 아니라 그 일의 목적을 달성하기 위해 1.3, 1.5까지 더 생각하고 어떻게 그 일이 잘되게 할 수 있을까를 고민하는 것이 바람직한 자세라고 생각한다.

목표 자체를 공유하지 못한 걸까? 또는 상사도 곧 떠나갈 사람이라 생각해 따를 의지가 없는 것인가, 아니면 본인이 다른 자리로 금세 옮길 것이라 그러는가. 장관이 바뀌면 또 뒤엎거나 아예 묵혀버릴 수 있으니 최소한으로 줄여서 하는 것 아니겠냐는 어느 공무원의 표현이 뼈아프게 들린다. 그래도 공직자라면, 공무에 종사하는 자라면 그러면 안 되는 것이 아닐까? 책임지고 끝까지 해결해보겠다는 집념과 집요함이 있어야 하지 않을까?

2016년 3월경 청와대 수석비서관 회의에서는 적극적으로 규제를 해제해 외자를 유치하고 고용을 늘린 여수시 공무원들의 사명 의식이 모범 사례로 언급되었다. 여수시가 왜 칭찬받았는지 생각해볼 필요가 있다. 그것은 할 수 있는 방법을 찾았기 때문이다. 여수시 공무원이 현존하는 틀 안에서만 생각했다면 성과를 내기 어려웠을 것이다. 해결 방안을 적극적으로 고민하고 해석하고, +α를 하고, 목적 달성을 위해 무언가 더하지 않았을까? 연역적 사고를 하는 +α 인재들이 공직사회에 더 많아져야 한다.

　요컨대, 우리 공직자들도 일에 임하는 데 있어 생각의 혁신이 필요하다.

—

02

순환보직
문제에 대하여

공직에 들어가자마자 나를 놀라게 한 것은 다름 아닌 순환보직의 문제였다. 언론을 통해 가끔 접하기는 했지만 생각했던 것 이상으로 심각한 수준이었다.

관련 통계에 대한 보고를 받아보니 중앙부처 실국장급 직위의 평균 재직 기간은 1년 1개월, 과장급 직위의 경우 1년 2개월 수준이었다. 일반직 전체를 놓고 봐도 1년 미만이 27%, 1~2년이 41%로 3명 중 2명꼴로 2년 이내에 자리를 옮기고 있었다. 인사카드를 보니 더 가관이다. 1년마다 새로운 경력이 인사카드에 차곡차곡 쌓이고 있었다. 심지어 자리를 옮기고 옮긴 기록들이 세 페이지 넘게 빼곡히 적힌 경우도 있었다.

왜 이런 현상이 벌어지고 있을까? 한자리에서 꾸준히 실력을 쌓는다면 어느 분야에서나 최고 전문가 소리를 들을 만한 다이아몬드 인재들인데 말이다. 살펴보니 공직의 인사 관행은 주요 보직을 두루 거친 사람이 인사에 우대받는 풍토였다. 모두가 장관이 되는 트랙으로 인사를 운영하다 보니 어느 누구 하나 한자리에 진득하게 근무하지 않게 되고 인사 시즌이면 다 같이 인사발령이 나서 '한 클릭씩' 이동하는 현상이 나타나고 있었다.

일각에서는 부패와 유착의 가능성을 이야기하며 순환보직이 필요하다고 주장한다. 나는 여기에 대해서도 조금은 다른 생각을 갖고 있다. 부패의 가능성은 통제 시스템을 제대로 작동시켜 해결해야 할 문제이지 '구더기 무서워 장 못 담그는' 상황으로 제도를 운영해서는 안 되지 않겠는가. 물론 특수한 직무의 상황도 있을 것이다. 이를테면 같은 직무 내에서 '순환 근무' 하는 세무 업무의 경우 소속관서만 옮겨 인재를 배치하는 것에 대해서는 순환보직과는 다른 문제이므로 이견이 없지만, 이 경우에도 부패의 가능성 때문에 과도하게 옮기는 것은 지양해야 한다.

공무원을 폄훼하려는 의도는 아니지만 나는 이 순환보직을 접할 때면 한 번씩 돌아가며 센터포워드를 해보는 동네축구가 자연스레 연상되곤 했다. 포지션별로 과학적이고 체계적인 훈련을 소화하는 전문화된 프로축구팀과 센터포워드, 풀백, 골키퍼를 서로 돌아가며 해보는 동네축구팀이 맞붙었을 때의 결과는 자명한 것 아니겠는가. 급기야 과연 그것이 누구를 위한 인사 운영인지 의문이 들기 시작했다. 국민과 정부를 위한 인사운영인지, 아니면 공무원 집단에 속한 각 개인을 위한 인사인지 말이다.

물론 핵심 리더 집단의 경우 순환보직의 필요성도 인정된다. 다양한 경험을 통해 폭넓은 시야를 지닌 리더로 성장하는 기반을 다질 수 있기 때문이다. 하지만 100만 공무원 모두를 핵심 리더로 육성할 필요는 없지 않은가.

이런 점에서 인사관리를 이원화할 필요성이 있다고 본다. 이미 기업에서는 이것이 도입된 지 상당한 시간이 지났고 또 안정적으로 운영되고 있다. 창조형 인재를 선발해 핵심 리더로 키우는 트랙과 기획통, 세제통, 인사통처럼 전문가 중심의 '통인재'를 양성하는 트랙으로 구분하는 '투 트랙two-track'의 인사관리가 필요하다. 2016년 초 부처별 업무보고에서 대통령이 직접 '투 트랙' 표현을 언급하며 순환보직 문제의 해결 필요성을 다시 한 번 강조하기도 했다. 역대 5명의 대통령이 지시했다는데 그럼에도 불구하고 여전한 공무원의 순환보직 문제. 왜 하루빨리 이 금단 현상을 끊어야 하는지 좀 더 심층적으로 살펴보자.

삼일절, 광복절을 앞두면 통상 기업인 사면에 대한 관심이 고조된다. 전경련과 대한상의 등 재계에서는 오너 경영인에게 기회를 달라고 주장한다. 전문경영인보다 한 단계 위의 책임감을 지닌 회장 자리를 대체할 사람이 없기 때문이라는 분석 기사도 나오고, 환경 변화에 따라 최고경영자를 자주 교체해온 기업들의 어려움도 쉽게 접할 수 있다. 물론 전문경영인 체제가 오너 경영의 미흡한 점을 보완하는 역할을 하고 있지만, 책임성 측면에 포커스를 맞췄을 때 결국 오너 경영에 무게가 실릴 수밖에 없다는 것이 중론인 모양이다.

이처럼 일의 성패는 결국 일의 주인이 있는가 여부에 달려 있다 해도 과언이 아니다. 주인이 없다면 그 일의 성패에 아무도 관심을 갖지 않게 될 것이지만, 자신의 일이라고 생각하는 경우 분명 보다 큰 성과를 기대할 수 있다. 건국 초기 자경농지自耕農地 시대를 연 농지개혁이 성공적이었다는 주장도 같은 선상에서 이해되는 대목이다.

공직사회에 들어와 일의 주인이 없는 경우를 왕왕 접했다. 이는 공무원이 본인의 담당 업무를 순환보직에 의해 잠시 머물러 가는 일 정도로 생각하는 풍토에서 비롯되는 것이 아닐까. 물론 그동안 순환보직이 대한민국 경제발전을 견인한 공직의 인사관리 방식으로 순기능을 한 부분이 있음을 인정한다. 한자리에서 장기 근무를 하며 발생할 수 있는 유착과 부패의 고리를 차단하는 효과가 있었고, 발전국가 시대의 엘리트 공무원들이 다양한 경험을 통해 폭넓은 시야를 갖게 한 측면도 분명 존재했기 때문이다. 하지만 이것이 지나치다 보니 고위직은 1년마다 자리를 바꿔서 부임한 뒤 업무 파악이 될 때쯤이면 바로 다음 직무로 옮겨가는 현상이 다반사로 나타나게 되었다.

그러나 어제와 오늘 통했던 그 방식이 과연 미래에도 유효할까? 이는 정부 규모가 작고 관료의 역량이 민간 부문보다 우수하던 시절에는 좋은 시스템이었을지 모르나 이미 모든 영역이 세분화된 무한경쟁의 전문화시대가 도래한 지 오래다. 공직도 민간이나 외국 정부와 경쟁해야 한다. 산업화시대에 제너럴리스트generalist가 우대받았고 근자에 이르기까지 전문 지식과 노하우를 가진 스페셜리스트specialist 가 대접받았다면, 최근에는 한 분야의 전문성은 기본이고 다른 분야도 통합할 줄 아는 유연한 전문가가 부상할 것이라는 분석이 나오고 있다.

공직은 이러한 시대 변화에 어떻게 대응하고 있나? 이미 세월호 참사와 메르스 대응이나 국제협상 미숙 등 순환보직이 야기한 아마추어적 행정 사례는 수면 위로 많이 올라와 있다. 공무원의 전문성 그리고 업무에 주인이 없어 발생하는 책임성 부족이 더 이상 간과할 수 없는 문제로 부각되고 있는 것이다.

순환보직은 정책의 전 과정, 즉 기획부터 집행 그리고 평가에 이르는 일련의 단계에서 담당자로 하여금 '1~2년 하다가 다른 데로 옮기겠지'라는 인식을 심어주게 된다. 내 업무라는 생각을 접게 되니 결국 인심을 잃는 일은 대의大義에 부합하더라도 꺼려하게 되고 일의 필요성에는 공감하나 자기 손에 피 묻히기는 싫은 현상이 나타나는 것이다. 폭탄 돌리기 또는 책임지지 않고 전달하는 택배 기사가 떠오르기도 한다.

또한 좋은 게 좋은 것이고 심지어 기관장이 자리를 옮길 때까지 과제를 묵히는, '국방부 시계는 간다'는 태도도 발견된다. 정책의 일관성과 연속성이 저해되고 평균 267일이던 정책 소요 시간이 팀장·과장 교체 시 504일로 증가한다는 연구 결과도 있다 하니 그 피해는 결국 고스란히 국민에게 돌아가는 것이 아니겠는가.

정무직도 예외는 아니다. 미국 FBI의 에드가 후버John Edgar Hoover 국장은 죽을 때까지 48년간 8개 정부를 거치며 정치적 성향이 다른 대통령 밑에서 국장 자리를 지켰다고 한다. 이유가 무엇이든 간에 전문성이 있었기에 가능한 일임은 분명하다. 이는 우리 장차관 평균 재직 기간이 1~2년에 불과한 현실과는 대조적이다.

어느 언론사 칼럼에서 혹자는 조선시대부터 좋은 자리를 '나눠 먹는' 관행이 뿌리내려져 있어 이것은 해결이 쉽지 않은 문제라고 지적하기도 했다. 이 부분도 역시 일의 주인이 없게 만드는 주요인이다. 기관장이 5년에서 10년씩 근무한다고 생각한다면 공무원들이 태풍이 지나가기를 기다리며 숨죽이는 행태가 나타날까? 기관장 본인은 물론이고 조직 구성원의 마음가짐도 분명 달라질 것이라 본다. 아마도 내 업무 그리고 내 영역을 알차게 다지는 작업을 하지 않을까? 분명한 것은 '그 사람'이 아니면 안 되는 인사풍토가 정착되어야 책임 행정이 실현될 수 있다는 것이다.

그래서 미래의 공직 인사는 업무의 주인을 찾아주는 작업에 중점을 둬야 한다. 업무의 주인이 없다 보니 일의 진짜 주인인 국민에게 피해가 돌아오고 있지 않는가. 그래서 모두가 문제인 줄은 알고 있지만 아무도 손대려 하지 않는 순환보직의 문제를 이제는 풀어야 한다. 이 업무가 처음부터 끝까지 내가 할 일이라는 인식을 가질 때 국민들이 원하는 수준의 행정 서비스를 창출할 수 있다.

이는 시스템의 문제지 사람의 문제가 아니다. 이미 우리 공직자들에게는 어떻게든 맡은 일을 잘 완수하겠다는 마음가짐이 내재되어 있다고 나는 믿기 때문이다. 모두가 공생하려면 이제 누군가가 나서서 방울을 달아야 한다. 한두 사람으로 역부족이면 함께라도 나서서 방울을 달아야 하지 않을까.

공무원을 바라보는
우리의 시각

무슨 사고가 났다 하면 국민 여론은 정부로 화살이 향한다. 공무원의 행태를 비판하면서도 문제가 생겼을 때에는 공무원에게 문제를 풀어 달라 요구하곤 한다. 그만큼 국민들이 공직에 거는 기대는 크다. 당연히 자신들이 납부한 '혈세'로 공무원들이 국가에 봉사하고 일을 잘해주기를 바란다. 혈세를 낭비해서는 안 되므로 봉급도 많이 받으면 안 되고, 같은 잘못을 저지르더라도 국민은 그럴 수 있지만 공무원은 그래서는 안 된다고 더 높은 도덕적 잣대를 요구하기도 한다. 우리 국민들이 정부를 바라보는 시선은 다소 차갑고 이중적인 측면이 있는 것이 사실이다.

비리 공무원이 생기면 공무원 전체가 집단적으로 매도되기도 한다. 하지만 통계상으로 살펴보면 공직사회는 상당히 모범적인 집단으로 볼 수 있다. 일반 국민의 범죄율과 공무원의 징계 처분을 단순 비교하기는 어렵겠지만, 최근 5년간 일반 국민의 인구 대비 범죄 발생 비율이 3.6% 내외인 반면 공무원의 현원 대비 징계 처분 비율은 0.5% 내외로 나타나고 있다. 징계 처분의 경우 위법 행위 이외에도 각종 의무 위반 등 보다 엄격한 기준으로 제재를 가한다는 점을 감안하면 비판받는 비위非違 사건을 저지른 공무원은 극히 일부에 국한된다고도 볼 수 있다. 반면 경찰, 소방 등 공무를 수행하다 순직한(위험 직무 순직 포함) 공무원도 지난 5년간 평균 80여 명에 이를 정도니, 모든 공무원들이 문제가 있는 것이 아니고 오히려 대다수 공무원들이 국가를 위해 열심히 일한다고 봐도 무리는 아니다.

그럼에도 불구하고 세월호 참사와 메르스 사태를 겪으며 우리 정부에 대한 국민의 신뢰도는 거의 바닥을 친 것이 사실이다. 언론에서 공직사회를 지적한 용어들을 뽑아보면 부정부패, 갑질, 관피아, 철밥통, 무사안일, 복지부동이라는 표현들로 점철되었다. 또 OECD 보고서 〈한눈에 보는 정부 2015Government at a Glance 2015〉에 따르면 한국 정부에 대한 국민의 신뢰도는 34%로 조사 대상 41개국 중 26위에 머물렀다. 10명 중 7명은 정부를 신뢰하지 않는다는 얘기다. 이유야 어찌됐든 우리 정부는 대한민국 국민을 위해 일해야 하고 국민의 눈높이 수준까지 역량을 끌어올려야 할 책무를 지니고 있다. 공무원을 고용한 주체가 국민이고, 헌법 7조에서 규정하듯 공무원은 국민 전체에 대한 봉사자이자 국민에 대해 책임을 져야 하기 때문이다.

그래서 취임 직후 공직사회 혁신에 대한 여론조사를 실시했다. 그 결과가 결국은 인사혁신처가 해야 할 업무의 방향을 말해줄 것이라 생각했기 때문이다. 국민과 전문가 집단을 구성해 조사한 결과를 살펴보니 크게 두 가지 방향성을 찾을 수 있었다. 국민들이 생각하는 공직사회의 혁신은 청렴하고 존중받는 공직자상 확립이었고, 전문가들은 공직의 전문성과 개방성 향상을 최우선 과제로 꼽았다. 인사혁신처가 나아갈 지향점이 여기에 있다 판단하고 이를 위한 과제들을 추진하고자 했다.

공직사회 안에서 바라보면 공무원에게 가해지는 여러 가지 제한과 지켜야 할 의무 등으로 인해 공무원이라는 직업도 참 피곤하다라는 생각이 들기도 한다. 하지만 공직은 다른 직업과는 조금 다르지 않은가. 억울하다는 생각은 이제 내려놓고, 공무원들 스스로가 한번 뒤를 돌아보고 반성도 하면서 국민들에게 존경받는 공직자로 거듭나야 할 때가 아닌가 싶다.

나는 공직사회 혁신에 대한 여론조사를 실시한 뒤, 직접 일선 현장의 목소리를 들어봐야겠다는 생각이 들었다. 현장의 공무원들은 무슨 생각을 하고 있고, 또 무엇을 바라는지를 알아야 혁신의 실행력을 높일 수 있을 뿐만 아니라 공직사회에 활력도 불어넣을 수 있을 것 같았기 때문이다. 많이 알수록 공무원의 논리에 말려들지 않을까 하는 우려감도 들었지만 그보다는 적어도 현실을 모르고 밀어붙인다는 이야기를 듣고 싶지 않았다.

부서에서도 여러 가지 테마로 현장 방문 계획을 마련한 덕분에

500일간 정말 많은 사람을 만났고, 많은 곳을 직접 찾아다니며 몸소 느낀 바가 많다. 가장 어려움을 겪는다는 곳 위주로 현장을 선정했고, 꼭 현장이 아니더라도 공무원들과 만나 이야기를 나눌 기회도 많이 가졌다. 어려운 점과 개선할 일을 허심탄회하게 이야기해 달라 부탁했고, 하루아침에 다 이루지는 못해도 하나씩 해결할 수 있는 계기를 만들어가자고 독려했다. 일단 밥상에 반찬이 많이 올라가 있으면 하나씩 먹을 수 있고 또 나중에 먹을 것도 있지 않겠는가.

나는 국민의 안전을 위해 일하다 다친 공무원을 가장 먼저 찾아가 위로하기로 했다. 한강성심병원을 찾아 화상 입은 소방공무원을 격려했는데, 요양비 지원 인정 범위와 지급 절차에 대한 문제의식을 갖게 되었다. 그 후 종로소방서를 방문해 공무상 부상을 입은 경우의 현실과 처우 개선에 대한 이야기를 들을 수 있었다. 소방차가 뒤에 있어도 차선을 비켜주지 않는 사회 현실을 토로하는 소방관들을 보며 안타까움을 금할 수 없었다.

추운 겨울날 찾았던 홍익 지구대에서는 순경 잠바를 입고 홍대 거리를 순찰하는 체험을 했다. 일선 경찰관들은 순찰차가 거리를 지나가며 신호를 줘도 길 가운데를 차지한 채 뒤돌아보지 않고 걷는 경우는 일상적이고, 길거리에 순경복을 입고 서 있으면 취객이 다가와 주사를 부리는 경우가 많다는 이야기를 했다. 소방차 이야기에 이어서 제복을 입은 공무원을 대하는 국민들의 태도에 놀라고 실망스러웠다. 우리 사회의 질서를 유지시켜주는 그들에게 경의를 표하고 그 노고를 존중하는 자세가 필요하다고 생각한다. 기초 질서를 중시하는

종로소방서를 방문해 공무상 부상과 처우 개선 등에 관한 대화를 나눴다.

경북 북구 제1교도소를 방문해 직원 오찬 간담회를 가졌다.

사회가 선진 사회이고, 또 더불어 살기 좋은 사회가 아니겠는가.

그 외에도 여러 현장을 방문했으며 많은 이야기를 들었다. 광화문 우체국을 방문해 우정공무원들로부터 오토바이를 타고 일하는 업무의 위험성에 대해 들을 수 있었다. 또 교정공무원(안양, 청송, 서울 남부교도소), 사회복지직 공무원(등촌3동 주민센터), 교육공무원(창서초, 광남중, 반포고, 경인교대), 출입국관리(인천공항), 관세, 세무(중부세무서), 연구직(재난연구원) 등 다양한 직종의 공무원을 직접 찾아가 대화를 나누며 공직에 대해 이해하려고 노력했다.

모든 곳에서 공통적으로 시급히 해결해 달라고 하는 문제는 바로 충원 문제였다. 여성 공무원이 늘어나면서 육아휴직자가 증가했고, 이에 따른 결원 보충이 적시에 바로바로 이뤄지지 않아 현장 부담이 가중된다는 이야기들이었다. 그 밖에 승진과 수당 문제를 비롯해 직무 전문성을 키워주는 교육이 부족하다는 지적들이 많았다. 우리 공무원들이 아쉬워하는 부분들을 채워주기 위해 노력을 기울여야겠다는 생각이 들었다.

많은 공직자들과 일선 현장을 접하며 느낀 점은 아무도 인정해주지 않아도 음지에서 묵묵히 일하고 있는 공무원들이 우리 사회를 유지시켜주고 있다는 점이다. 공직에 대한 많은 비판과 논란이 있는 것이 사실이지만, 소리 없이 일하는 이런 공직자들을 보다 우대해주고 자긍심을 높여주는 조치가 확대되어야 한다는 생각이 들었다.

아직 갈 길은 멀지만 그래도 이야기를 나눴던 내용 중 반영할 수 있는 사항들을 하나둘씩 추진하기 시작했다. 공무상 요양비를 국가가 선지급하도록 개선하고 화상 치료비 등 요양비 지급 범위도 확대했다. 또한 고위험 현장공무원(특수지 근무, 위험 근무, 항공), 대민 접촉 현업 부서의 근무자(경찰, 간호직, 교도관, 담임교사, 특수교사)의 처우를 개선하기 위해 수당 규정을 개정하는 등 현장 공무원을 위한 노력을 해나가기 시작했다.

현장의 공무원들을 향한 국민들의 시각이 보다 긍정적이고 따뜻해지길 바라는 마음으로….

인사는 있되,
인사관리는 없다

같은 금속이라 하더라도 어떠한 주형에 주조하는가에 따라 그 모양
은 달라진다. 마찬가지로 같은 음식이라 하더라도 어떤 그릇에 담는
가에 따라 그 맛이 달라질 수 있다. 그만큼 '틀'과 '그릇'이라는 것은
중요한 법이다. 많은 기업과 조직들이 그 조직의 미션과 비전을 만드
는 데에 심혈을 기울이고 내부 구성원들의 사고를 규정하는 공유 가
치에 신경을 쓰는 것도 같은 맥락이다.

　세상이 빠르게 변화하고 있는 것과 달리 공직사회의 그 '틀'은 변
화를 따라가지 못하고 있었다. 공무원의 인사관리 전반을 규정하고
있는 국가공무원법은 1981년 체계를 유지하며 소소한 개정이 이어
지고 있었고, 공무원이 추구할 가치를 규정한 〈공무원윤리헌장〉은

1980년에 제정된 이후 제대로 활용되지 않고 사장되어 있었다. 공무원 인재 개발을 규정한 공무원교육훈련법은 1973년 이후 큰 변화라고 할 만한 개정이 없었다. 여전히 공무원을 교육시키고 훈련시키는 대상으로 보는 패러다임에 머물고 있던 것이다.

물론 60~70년대 공직사회와 비교했을 때 오늘의 공직사회가 많은 변화와 발전을 거듭해온 것은 사실이다. 하지만 앞서 말한 바와 같이 구성원들의 가치관, 지향점, 사고방식이 제도와 법령이라는 틀에 의해 규정되고 표출된다고 했을 때 적어도 이 틀을 가지고 지난날과 같은 발전을 앞으로도 계속 해나갈 수 있을지에 대해서는 물음표를 달지 않을 수 없었다.

법령을 개정한다고 해서 공무원의 행태가 즉시 변화하리라는 기대는 하지 않았다. 그렇지만 어떠한 틀을 갖고 운영하느냐는 대단히 중요한 문제라 생각했고, 이 기본적인 틀을 미래와 세계를 바라보는 방향으로 바꿔야겠다는 생각과 함께 이를 실행으로 옮겼다. 목표를 정하고 대한민국호의 기수를 조금이라도 틀면 중간에 어려움이 있더라도 결국엔 그 지향점을 향해 나아갈 것이라는 믿음으로 말이다.

처장으로 임명된 후, 인사 부서에서는 신설 조직의 인사안을 만들어왔다. 인사 업무만 평생 해왔으니 관심이 갈 수밖에 없었지만 의외로 들여다볼 내용이 그리 많지 않았다. 각 자리마다 임명할 사람의 사진과 3줄 정도의 약력 이외에는 그 사람이 무엇을 잘하고, 또 어떤 성과를 냈던 사람인지 전혀 알 수 없었기 때문이다. 결국 기관장이 할 일은 들이미는 인사안에 사인을 해주는 일뿐이었다.

내가 한 번 더 놀란 것은 이미 기업에서는 사라진 지 오랜 명칭인 '인사계'라는 명칭이 여전히 남아 있다는 것 때문이었다. 1960~70년대 기업은 정부와 마찬가지로 총무과 인사계라는 표현을 썼지만 인적자원관리의 중요성이 높아지면서 인사팀, 인재 개발부 등으로 조직이 분화되고 전문화되었다. 그런데 예전과 다르지 않은 수준의 인사 업무를 이곳 운영지원과 인사계에서 수행하고 있던 것이다. 그 일이란 것도, 공석을 채우거나 정기적으로 대규모 순환 인사를 하는 정도였다.

인사 책임자 역시 의아하긴 마찬가지였다. 민간 기업의 CHO(chief human resource officer, 최고 인사 책임자)의 경우 상무, 전무를 넘어 이제 부사장급으로 임명하는 사례도 많은데, 정부 부처의 인사 책임자는 서무, 회계, 결산, 구매 업무 등을 함께 책임지는 운영지원과장이 주로 담당하고 있었다. 그나마도 인사 업무를 해본 적이 있는 운영지원과장은 정부 부처의 절반 수준에 불과했다.

다들 '인사가 만사'라고는 하면서 인사 발령의 결과에만 관심이 많고, 인사 담당자의 전문성을 키우는 데에는 무관심해 보였다. 인사 업무에 전문성이 필요하다는 공감대가 형성되어 있지 않았고, 그러다 보니 장관이 바뀌면 코드에 맞는 사람으로 인사 담당 과장이 바뀌었다. 담당 직원 역시 수없이 거쳐가는 보직 중 하나의 자리로 인식해 업무를 옮기는 경우가 잦았다. 한마디로 인사 업무의 전문성이 쌓이기 어려운 구조였던 것이다.

기관장이 바뀌어도 인사 담당자가 그대로여야 사람에 대한 꾸준

한 기록과 관리가 가능할 것이고, 평판에 의한 인사가 아니라 적합한 자리에 적합한 인재를 배치하는 적재적소 인사를 할 수 있다. 인사 담당이 요직이라고 누구나 한 번씩 해보는 관행은 이제 근절되어야 한다.

그러다 보니 나는 대한민국 정부에 '인사'는 있되 '인사관리'는 없다는 진단을 내리기에 이르렀다. 인사를 그저 자리 배치로 인식하는 데 그치고 있는 정부에 체계적인 인사관리 시스템의 개념을 도입하고, 또 그것을 정착시킬 필요성을 느꼈다. 인사 담당자는 미래를 내다보며 조직의 앞날을 설계하고, 그 조직의 비전과 미션을 명확히 하며 핵심 가치를 공고히 하는 역할을 해야 한다. 목표를 달성하기 위한 조직의 형태를 구상하고 각 부서에 미션을 부여해야 한다. 그 후에 그 업무를 가장 잘해낼 사람을 찾아내고 배치해 일을 수행하게 하고 목표를 달성할 수 있게 지원하는 것이 그 핵심 역할이다. 조직의 성장을 꾀할 수 있는 문화적 차원의 기반을 다지는 일도 중요하다. 누구나 인사관리에 대해 한마디씩 할 수는 있겠지만 그것은 전문성이 없이는 결코 잘해낼 수 없는 어려운 일이다.

정부도 예외라 보기는 어렵지 않을까. 우수한 다이아몬드 인재 한 사람 한 사람의 전문성을 키워주고 그들이 잠재력을 충분히 발휘하도록 하는, 즉 국가의 발전에 필요한 인재를 뽑고 키우는 핵심적인 역할을 인사 담당자가 수행해야 한다. 사람에 대한 지속적인 투자와 관리 시스템이 절실하다. 이를 통해 국가 차원에서 미래의 변화를 준비하고, 국가가 나아갈 방향인 국정철학이 잘 구현되도록 확산시키고, 또 그것을 성공적으로 수행할 수 있는 사람의 기반을 마련해줘야 한다.

공직사회에서 인사의 위상은 보다 높아질 필요가 있다. 인사 전문가 양성, 인사 전담조직 설치, 인사 시스템 체계화, 인사의 전략적 기능 강화 등등. 갈 길은 멀지만 할 일이 많다는 것은 또 하나의 희망이라고 생각한다.

05

인사혁신을
가로막는 벽

정부에 들어와 이상하게 느낀 또 하나의 이슈는 바로 조직관리 분야였다. 민간 기업에서 그랬듯 정부의 중앙인사관장기관인 인사혁신처에도 당연히 조직관리 기능이 포함되어 있을 줄 알았으나, 조직 기능은 행정자치부라는 부처에 속해 있었다. 인사 부서의 핵심 역할이라 하면 조직의 미래, 비전과 미션을 설계하고 운영해나갈 틀을 구상하며 그에 맞는 인재를 적재적소에 배치하는 것이기 때문에 조직관리는 인사관리와 상당히 밀접하게 연관되어 있다. 그래서 통상 같은 부서에서 분장하기 마련인데, 이력을 들어보니 정부 내에서는 인사와 조직이 서로 붙었다 떨어졌다를 반복했다고 한다.

　의아하기는 했지만, 현실이 그렇다 하니 나는 그 안에서 운영해보려고 했다. 하지만 조직을 담당하는 부처와의 조율이 처음부터 쉽지가 않았다. 일단 정부 조직은 급변하는 환경에 신속히 조정되기 어렵고 일사불란함과 효율성을 찾기 어려운 경직적 틀 속에서 움직였다. 공무원의 정원을 통제한다는 명분으로 각 부처의 자율성은 상당히 낮은 수준에 머물렀고, 특히 인사혁신의 주요 과제들은 조직 담당 부처의 반대에 부딪혀 제동이 걸리고 무산되기 십상이었다.

출범 직후 추진했던, 각 부처에 인사혁신 전담 부서를 설치하겠다는 계획부터 협조를 구하기 어려웠다. 통상 혁신을 하려면 확산 전담 조직을 만들고 혁신 지침이 일사불란하게 전 부처로 뻗어나가도록 해야 하는데, 이러한 전담 조직 설치부터 제대로 되지 않다 보니 혁신의 첫 발걸음부터 떼기가 어려웠던 것이다.

인사혁신 확산을 위해 3년간 한시조직으로 설치하려 했던 '범정부인사혁신추진지원단' 설립도 제동이 걸렸다. 3년간 한시인력으로 운영하려는 계획은 기존의 조직과 인력을 활용하라는 반대 논리를 이기지 못해 무산되었고, 결국 부처 내 인력을 겸직의 형태로 운영하며 근근이 꾸려나가게 되었다. 기존의 인력만 갖고서는 전국적으로 인사혁신을 추진하고 지원하는 기능이 당연히 미흡할 수밖에 없었다.

중앙공무원교육원을 67년 만에 국가공무원인재개발원으로 개편 및 출범시키며 공직 가치 교육프로그램 개발 등 공적 부문의 연구개발 기능을 강화하고, 교육기관 3.0이라는 큰 틀에서 교육기관 간 협업 체계를 강화하는 등 기존 교육원의 역할보다 기능을 훨씬 강화했다. 법을 개정한 후, 교육원 조직도 확대 개편하려 했으나 이 역시 조직관리 전담 부처의 반대로 인해 많은 어려움 끝에 절충안으로 결론이 나기도 했다.

인사혁신 과제를 추진함에 있어 조직 부서와의 마찰은 계속되었다. 주된 원인은 정부 조직 운영의 근간인 직급별 TO제의 경직성 때문이었다. 정부 부처 내부의 자리는 그 자리마다 '자리 값'이 있다. 예를 들어 보수제도 담당은 과장이 아닌 4급(복수직 서기관)이나 5급 사무관이 맡도록 되어 있다. 복수직 서기관이 과장 직위로 승진하려면 다른 자리로 이동해야 한다. 6급 이하가 맡게 되어 있는 자리에 있던 6급 주무관도 사무관으로 승진하면 역시 다른 자리로 이동해야 한다. 부서별 직급별 TO가 있기 때문이다. 3급 부이사관 과장도 고위 공무원으로 승진하면 그 직급을 보임해야 하는 자리로 옮겨야 한다. 일을 잘해서 승진시키면 다른 일을 하러 떠나야 하는 구조인 것이다.

자리마다 이렇게 값이 매겨져 있다 보니 그 자리에서 승진하고 계속 일하는 풍토가 뿌리내리기 어렵다. 바로 이 경직적인 직급별 TO제로 인해 공직사회의 관행적 문제인 순환보직이 파생되었다. 승진 인사가 나면 승진자는 본인의 직급에 해당되는 자리 값을 가진 다른 자리로 옮기고, 또 그 자리는 그다음 승진할 차례인 사람이 채운다. 예를 들면 실국의 주무과장 자리에 승진을 앞둔 부이사관이 1년 남짓 머물다가 고위 공무원으로 승진해 떠나가면, 차순위 과장이 그 주무과장 자리로 이동하는 식이다. 그리고 차순위 과장의 자리는 차차

순위 과장이 채우게 된다. 이렇게 연쇄적인 부처 전체의 인사발령이 전문성과 업무의 연속성을 저해시키고 있는 것이다. 나는 이러한 문제를 해소하기 위해 한자리에 오래 근무하더라도 승진과 보수에서 불이익을 받지 않는, 이른바 전문직 공무원 제도를 추진했지만 기존의 정원관리 입장으로부터 협조를 구하기가 매우 어려웠다.

개방형 임용을 확대하려는 과제를 추진함에 있어서도 TO제는 걸림돌이 되었다. 고위 공무원단급 개방형 직위에 민간인이 임용되면 공직 내부에서 고위 공무원으로 승진할 수 있는 TO가 감소하는 효과가 나타나기 때문에 내부 반발이 심했고, 이는 공무원들이 개방형 직위를 실질적으로 개방하겠다는 의지를 약화시키는 요인으로 작용했다.

성과 중심의 인사관리 측면에서도 어려움은 계속되었다. 성과 우수자에게 특별 승진을 확대할 경우, 특별 승진을 시킨 수만큼 일반 승진을 시킬 수 있는 TO가 줄어들어 역시나 내부의 반발이 만만치 않았다. 능력과 성과에 따른 승진과 직무 중심의 인사 체계 구축을 위해 추진한 계급제 개편에 있어서도 정원관리 방식이 유연화되지 않고서는 불가능했다.

성과 미흡 고위 공무원을 재교육시키겠다는 계획도 난항을 거듭했다. 재교육에 들어갈 고위 공무원의 자리를 채워줘야 교육 대상 선발이 원활히 이뤄질 텐데, 교육 파견은 6개월 이상 자리를 비울 때만 결원을 보충해주기 때문에 3개월 교육은 대상이 되지 않는다는 조직관리 논리였다. 이 역시 정원관리의 경직성에 기인한 것이었다. 그 자리의 결원을 보충해주는 개념인 '별도 정원'을 인정해주지 않음으로 인해 공석 발생을 우려한 부처는 소극적으로 대응했다. 성과가 미흡하다고 판단되는 재교육 대상자를 선발하지 않는 행태가 나타난 것이었다. 여러 장관님들과 이야기해보면 많은 분들이 성과 미흡자를 골라 재교육시켜야 한다고 주장하곤 했는데, 막상 제출된 명단 내역을 보니 정부에는 성과 미흡자는 없고 우수한 인재들만 모여 있는 듯한 착각이 들었다.

인재 개발 측면에서도 마찬가지였다. 공무원의 글로벌 역량을 배양시키기 위해 국외 장기 훈련을 확대하고자 했는데, 조직 전담 부처가 관장하고 있는 정부 전체의 교육 파견 별도 정원에 가로막혔다. 공무원이 늘어난다는 부분이 부담스럽고, 지금까지 이렇게 관리를 해온 덕분에 정부 총 정원이 잘 유지되어왔다는 것이 조직 담당 부처의 논리다. 그렇게 총 정원 유지가 중요하다고 한다면, 각 부처의 총 정원은 엄격하게 유지하되 계급별 정원과 직제에 대해서는 인건비 한도 내에서 각 부처가 유연하게 운영할 수 있도록 탄력성을 높이는 것을 반대할 논리는 무엇일까.

이것이 일종의 부처 이기주의 또는 갑의 횡포로 발현된 것은 아닌지 심히 우려가 되었다. 새로운 틀의 도입은 결국 조직 전담 부처의 영향력을 약화시키는 결과를 가져오기 때문이다. 그렇다 해도 이대로 계속 갈 것인가라는 질문에 대해서는 책임 있는 관계자의 답변이 필요해 보인다.

정부 혁신의 출발점은 TO제의 경직성을 탈피하는 것에서부터 시작해야 한다. 그리고 이를 해결하려면 직위와 직책을 분리하거나 직위별로 보임이 가능한 직급을 많이 늘려서 유연하게 운영할 수 있도록 해야 한다. 이제 정부도 인사와 조직 기능 간 밀접한 연계와 협조를 통해 조직 구조 및 운영 방식의 변화를 검토해야 할 때다. 그리고 인사혁신과 더불어 업무 프로세스, 조직 문화 등을 근본적으로 바꾸기 위한 범정부적인 시스템 개혁을 추진해야 한다.

06

공직을
우리 모두의 리그로

멘델은 유전법칙에서 유사형질 간의 동종교배는 열성인자를 낳고, 이질형질의 이종(잡종)교배에서 태어난 1세대는 우성형질만 나타난 다고 했다. 이를 잡종강세Heterosis라고 부른다. 역사도 오래전부터 멘 델의 유전법칙을 증명해왔다. 순혈주의를 고집한 조직은 폐쇄성이 강해지고 종국에는 퇴보와 멸망을 가져왔다. 근친상간이 만연했던 신라의 성골과 고려 문벌귀족 사회는 결국 붕괴됐다. 그러나 이종(잡 종)을 수혈해 개방성과 다양성을 높였던 시대는 달랐다. 고구려와 백 제, 발해의 전성기는 한민족과 읍루(말갈), 거란, 대방·낙랑(한족) 등 의 이민족 결합이, 통일신라와 고려 광종~성종대의 태평성대 역시 처용, 쌍기를 필두로 한 이방인이 그 동력을 더했다.

세계적 기업 구글과 애플의 성장은 지구촌 방방곡곡의 우수한 인재를 발굴해 영입하고 성공적으로 잘 활용한 결과다. 우리 정부도 순혈주의를 넘어서 보다 강한 체질의 능력 있는 '우성優性 정부'를 만들기 위해 15년 전 '개방형 직위제'를 도입했다. 그러면 이 시점에서 질문해보자. 우리 공직사회는 전문성 있는 유능한 인력을 충분히 확보했는가? 자신 있게 '그렇다'라고 답하기 어려울 것이다.

인사혁신처는 2015년 개방형 직위 중 민간인만 채용하는 경력 개방형 직위 165개를 새로 지정하는 등 개방형 직위를 확대 및 개편했다. 그런데도 이러한 공직 개방 노력에 대해 공직사회 외부는 물론 내부에서조차도 거부감과 회의적 반응이 있는 게 사실이다.

개방형 직위제가 그간 정착에 어려움을 겪은 가장 큰 배경은 속된 말로 '밥그릇' 문제에서 비롯되었다고 본다. 개방형 자리에 외부 인사가 임용되면 비록 그 수가 많지는 않지만 공무원의 자리를 빼앗는 결과가 초래되기 때문에 공무원들이 개방에 대해 적극적 의지를 갖기 어려운 형세인 것이다. 자기 밥그릇을 빼앗기는 걸 그 누가 용인하고 환영하겠는가. 더구나, 승진 외에 메리트가 별로 없는 공직자들에게 자리를 개방하라는, 즉 자리를 양보하라는 요구는 당위적으로는 공감할 수 있을지 몰라도 현실적으로는 쉬이 수용할 수 없는 면이 있는 것 같기도 하다.

의지가 부족하다 보니 그에 부합하는 다양한 현상들이 파생된다. 일단 개방형 직위를 지정하는 단계에서부터 민간보다 공무원이 유리하도록 되어 있다. 즉 출발선을 다르게 하고 있다는 것. 자리를 알리려는 노력 또한 적극적으로 하지 않는다. 통상적 수준에서 홈페이지에 공고를 하되 굳이 적합한 인재를 발굴하거나 영입하려는 노력을 다하려 하지 않는 것이다. 직위에 대한 구체적인 자격 요건과 임무 기술mission statement 없이 두루뭉술한 표현으로 공고문을 게시하다 보니 잘 모르는 사람은 접근하기 쉽지 않다. 임기제라는 불안한 신분과 민간에 비해 낮은 보수 수준의 조건이 더해져 상황은 한층 악화된다.

심지어 타 부처 장관님들로부터 개방형 직위에 자기 부처 출신 공무원을 임용시켜야 한다는 설명의 전화를 받기도 한다. 내부적으로 상황보고를 하고 인사혁신처장에게 전화 한 통 넣어 달라는 보고가 올라갔을 것이 뻔하다. 중앙선발시험위원회에서 공정하게 집행하기 때문에 영향력을 미칠 수도 없는 노릇이지만 공직사회의 높고도 공고한 벽을 체감하곤 했다.

이런 상황이다 보니 중앙선발시험위원회를 통해 공정하고 투명하게 선발을 진행하고 있음에도 불구하고, 면접까지 거쳐 걸러낸 3배수 후보자에 공무원만 올라오는 경우도 많다. 공정하게 평가한 결과 공무원이 가장 경쟁력이 있기 때문에 어쩔 수 없다는 것이다. 선발위원회의 결정은 존중하면서도, 우수한 민간의 인재들은 그 직위에 민간인을 뽑는다는 사실조차 몰라 응모를 하지 못했을 공산이 크다는 생각이 개인적으로 들었다.

좀 더 구체적으로 살펴보자면, 개방형 직위는 정부 전체 국·과장급 직위 3,796개(2015년 말 기준) 중 11.6%인 442개에 불과하다. 중앙 부처 국·과장급 전체 자리 숫자에 비하면 개방형 직위의 숫자는 매우 적은 수준인 것이다. 이 중 민간인 임용은 전체의 5.9%인 111명에 그치고 있다. 2017년까지 165개 경력 개방형 직위 전체에 민간인이 임용되더라도 민간인 임용률은 전체의 5.4%밖에 안 된다.

이를 과연 공직 개방에 필요충분한 수준이라고 볼 수 있을까? 나는 우리 공직사회가 5% 정도의 비율마저 긍정적으로 포용하지 못할 것이라고는 결코 생각하지 않는다.

이제는 더 큰 기득권을 위해 작은 기득권을 내려놓을 때가 아닌가 싶다. 공직의 경쟁력을 강화하고 체질을 개선하기 위해 개방형은 그야말로 '개방형답게' 바꿔가는 노력을 함께 기울일 때다. 공직을 '그들만의 리그'가 아닌 '우리 모두의 리그'로 탈바꿈시켜야 한다. 공무원이냐 아니냐가 중요한 것이 아니라 그 자리에 가장 적합한 사람을 뽑는 것이 우리가 해야 할 사명이기 때문이다.

그리고 공직을 개방하겠다는 공감대가 형성되었다면 이제 다음 질문들에 대해 고려해봐야 한다.

- 민간 출신 인재들에게 적합한 자리를 개방했는가?
- 그 자리를 알리려고 적극적인 노력을 기울였는가?
- 어떠한 미션을 수행하는 자리인지 상세히 설명했는가?
- 적임자를 찾기 위해 그리고 그 인재의 부임을 위해 노력을 다했는가?
- 인센티브를 최대한 제공하고 있는가?

정부가 외부의 우수 인재를 유치해 전문성과 경쟁력을 높이겠다고 도입했던 개방형 직위제. 어느덧 이 제도도 16년이 지난 제법 오래된 제도가 되었다. 국회와 언론에서는 '무늬만 개방형'이라는 표현으로 이 제도가 여전히 정착하지 못하는 현실을 비꼬고 있지만, 나는 하루빨리 공직도 개방을 통해 다양성을 지닌 조직으로 거듭나며 경쟁력을 높여가야 한다고 생각한다.

지금은 변화를 넘어 혁신이 필요한 때다. 필요한 것을 알면서도 당장의 불편과 저항 때문에 그것을 미룬다면 국민의 신뢰는 더욱 멀어지고 미래 세대에는 큰 과오가 될 것이다. 공직 개방은 앞으로 우리의 아이들이 살기에 더 좋은 나라를 만드는 데 반드시 필요한 노력임을 우리 모두 잊지 말아야 한다.

07

공공성과 효율성,
무엇이 먼저인가

흔히 공무원은 '공익公益'을 위해 일한다고 말한다. 그런데 이 공익은 어떤 개념으로 정의할 수 있는가? 이에 대한 대답은 그리 간단치 않다. 공공의 이익, 사회 구성원 전체의 이익이라는 막연하고 추상적인 개념 말고는 마땅히 정의할 대안이 없어 보인다.

공익이라는 개념이 이렇게 불명확하고 관념적이라는 점은 공무원의 업무 성과를 민간과 달리 평가하기 어렵다는 논거로도 거론된다. 정책 목표인 공익의 개념이 명확하지 않으니 그에 따른 실적과 성과 역시 평가하기가 곤란하다는 얘기다. 공무원의 업무는 공익 실현, 공공성을 추구하기 때문에 효율성과 같은 가치 기준으로 판단해 성과 등급을 매기는 것이 적절치 않다는 것이 그 주장의 골자다.

물론 정부의 정책과 공무원 업무의 최종 목표가 공익의 실현이어야 함은 당연한 명제다. 35년 만에 개정된 〈공무원 헌장〉에서도 공무원의 실천 사항으로 가장 먼저 거론하는 것이 바로 '공익을 우선시'한다는 것이다. 그만큼 공익은 공무원 업무 수행의 기본 원칙이자 나침반이라 할 수 있다.

정부 정책의 목표와 그 대상 그리고 방향성을 결정할 때 공익을 최우선시하는 것은 당연한 것이고, 그 의사결정 과정에서 '효율성' 가치는 '공공성' 가치보다 후순위에 있을 수밖에 없다. 도서와 산간벽지에 수도관을 설치해 수도를 공급하고 전봇대와 전선을 설치해 전기를 공급하는 것은 효율성보다 공공성을 중시한다는 증거 아니겠는가.

하지만 업무 수행의 근간에 공익이 자리 잡고 있다 해서 그것이 곧 효율성을 배제함을 의미하진 않는다. 국민은 항상 질 좋은 행정 서비스를 낮은 비용으로 제공받기를 원하기 마련이다. 따라서 결정이 이뤄진 그다음 단계에는 효율성이 반영되어야 한다. 공익을 위한 정책(산간벽지에 수도 및 전기를 공급하는 것)을 실현하는 수단과 방법을 결정함에 있어서는 효율성을 추구해야 하는 것이다.

수요량만큼 전기를 공급하기 위해 전봇대를 몇 개 설치해야 하는지, 수도관 배치는 어떻게 해야 비용 대비 효과를 최대한으로 거둘 수 있을지 등 효율성을 따지는 것이 필요하다. 목표 달성을 위해 가장 효율적인 수단을 모색하는 방법론에 있어서는 정부와 민간의 차이가 있을 수 없다. 행정부 내부의 일하는 방식 혁신이라든지 절차를 간소화하고 효율화하는 움직임도 마찬가지 논리가 적용되어야 한다.

공무원의 성과를 평가하는 것도 정책 목표가 공익에 부합하는지 여부를 평가하는 것이 아니다. 공익의 실현이라는 목표를 이루고자 활용한 방법과 수단이 얼마나 효율적이었는지를 평가하는 것이고, 또 업무를 행하는 과정에서 담당자가 얼마나 적극적으로 저비용 및 고효율의 성과를 창출해냈는지 그 실력을 보는 것이다. 이는 정책 목표인 공익과 관계없이 얼마든지 계량화가 가능하다. 공익을 방패막이 삼아 성과평가의 부당함을 토로하는 사람들의 진짜 속내가 따로 있는 것은 아닌지 의문이 든다.

〈공무원 헌장〉에서 강조하고 있는 '업무를 적극적으로 수행한다'는 것은 바로 이러한 효율성의 지향점을 의미하는 것이다. 공익을 달성하기 위해 가장 효율적인 수단, 방법이 어떤 것인지를 찾아내는 적극적이고 능동적인 자세가 공무원들에게 필요하다. 공무원 징계령 시행규칙 개정을 통해 소극행정에 대한 징계 기준을 강화하고, 적극행정에 대한 징계 감경을 확대한 것도 바로 이러한 효율성을 보다 적극적이고 능동적으로 추구할 수 있는 공직 문화를 조성하기 위함이다.

'공익이 무엇인가'에 대한 정의는 보는 관점에 따라 얼마든지 달라질 수 있지만 공무원이 업무를 추진함에 있어서 고려할 최우선적 가치가 공익이라는 것은 이론의 여지가 없다. 공공성과 효율성이 상반되지 않으며 함께 추구할 수 있는 가치라는 것도 명명백백한 사실이다. 공직자들이 이러한 두 가지 사실을 마음에 새긴다면 공익을 운운하며 성과 창출을 등한시하는 행태라든지 국민으로부터 비효율성 가득한 조직이라는 비판을 듣는 오명으로부터 벗어날 수 있으리라 본다.

08

칸막이와 영역 싸움은
이제 그만

순화되어야 할 일본어 표현이기는 하지만, 우리는 일상적으로 '나와바리(영역)'라는 말을 쉽게 쓰곤 한다. 정부에 들어온 이후 부처 간 영역에 대한 인상이 워낙 강해 나도 모르게 이 표현이 생각났다. 정권 교체 시마다 정부 조직 개편이 이뤄지고, 그때마다 각 부처의 기능과 역할을 뺏고 뺏기는 과정이 벌어진다. 각 조직마다 법령에 따라 부여된 역할이 있어 그 범위 내에서 움직이는 것에는 이견이 없지만, 부처 간 영역 다툼으로 인해 벌어지는 몇 가지 현상들은 그저 생소하고 의아했다.

크게 3가지 관점으로 분류해봤다. 먼저, 성과가 나고 자기 부처가 하면 좋은 업무의 경우 중복되고 서로 조정되지 못해 낭비와 비효율이 발생하는 사례가 종종 발견되었다. 예를 들면 청년실업 해소를 위해 청년들의 해외 진출을 지원하는 사업이 많은데, 이 타이틀과 성격만 조금씩 다르지 내용은 엇비슷한 사업이 고용부, 교육부, 외교부, 산업부, 미래부, 중기청 등에서 각기 수행하고 있었다. 사업마다 특성이 있고 완전히 동일한 사업은 없다 하더라도 총괄하는 컨트롤타워가 존재하는 시스템이 아니다 보니 중복이 있는 모양새다. 경제 부처 중심으로 그 비효율을 개선한다는 뉴스를 얼마 전 접한 것이 그나마 다행이다.

두 번째로는, 반대로 부처 간 자기 영역에 대한 선을 긋고 못 들어오게끔 영역을 지키는 행태다. 한 가지 사례를 소개하자면 기업에 있을 때는 인사 업무의 큰 비중이 조직 문화를 개선하는 것이었기 때문에 인사혁신 주요 추진 과제로 반듯한 공직 문화를 제시했다. 각 기관장에게 생산적 조직 문화 조성의 의무를 부여하도록 근거 조항을 국가공무원법에 두려 했더니 '조직'은 행정자치부의 소관이니 '인사 문화'로 변경해 달라는 황당한 요구를 접하기도 했다. 결국 '공직 문화'로 절충점을 찾기는 했지만 공직 내부의 이른바 '나와바리' 다툼이 얼마나 심각한지 보여주는 일례였다.

마지막으로, 특성상 맡으면 시끄럽고 논란이 예상되는 업무는 주인의식이 희미해져 추진이 제대로 되지 않는 양상을 보였다. 예를 들어 공무원 노조관리 업무는 고용노동부, 행정자치부, 인사혁신처 3개 부처가 나눠 수행하고 있는데 기능이 분산되어 있다 보니 관계 부처 모두 최소 기능만 행하는 행태를 보인다. 고용부는 법 해석, 행자부는 일부 불법행위 점검 단속, 혁신처는 협력 사업과 교육에 집중하는 선까지만 움직인다는 것이다. 총괄 컨트롤타워가 없다 보니 노조의 불법행위 등 현안에 미온적으로 대처한다거나 불법과 불합리한 관행에 적극적으로 대응하지 못하고 방치하는 상황이 발생하고 있었다.

결국 이 모든 문제는 부처 간 칸막이로 인해 서로 소통하지 못하고, 국가 발전이라는 보다 큰 그림보다는 부처와 공무원들의 이해관계에 더 집중하는 행태에서 기인하는 것이라 볼 수 있다. 눈앞의 이해관계보다 국민과 국가를 먼저 생각한다면 더 효율적이고 기발한 방안들이 많이 만들어질 수 있을 텐데 하는 아쉬움이 든다.

인사혁신처의 경우만 해도 처의 업무를 국가직 공무원에 한정해 업무의 한계를 스스로 한정짓고 있었다. 사실 부처의 시각이 아닌 국가 전체적 시각으로 확장시켜 생각해봤을 때 지방공무원은 행자부, 교육공무원은 교육부, 공공기관 직원은 기재부 등으로 인사관장 기관이 분리되어 있는 현 시스템이 과연 바람직한 것인지, 전체 판을 바라볼 수 있는 체제가 맞는지 다시 한 번 생각해볼 필요가 있다. 소관을 나눠 일을 하는 것에도 분명 효용성이 있지만 소관을 나누는 그 자체가 목적이라기보다는 일을 보다 더 잘하고자 하는 것이 그 근본 취지가 아니겠는가.

그나마 몇 가지 개선 사업들에 진전이 있었다. 공무 출장 시 개인별로 적립된 항공사 마일리지가 사장되기 일쑤였는데, 항공사와의 MOU 체결을 통해 항공권 구매 권한을 제공받도록 개선해 예산을 절감할 수 있었다. 또한 공무원 교육기관 간 협업 체계를 강화해 교육 과정과 강사 등을 공유하게 되었고 입법, 행정, 사법 등 각 기관의 채용 정보를 이제 한곳에서 볼 수 있도록 통합적으로 정보를 제공하는 사이트를 만드는 등 한 걸음씩 효율적인 정부를 향해 나아가고 있는 점은 다행이라 할 수 있다.

　정부 부처 간 '나와바리 싸움' 보다는 어떻게 하면 질 높은 행정 서비스를 낮은 비용으로 국민에게 제공할 수 있을지를 고민하고 그 해답을 찾아내는 것, 이것이 바로 공직을 맡은 사람들의 사명이라는 점을 늘 염두에 둘 필요가 있겠다는 생각이 든다.

09

열린 공간에서
열린 생각이 나온다

'왝더독wag the dog' 이라는 표현을 들어본 적이 있을 것이다. 꼬리가 개의 몸통을 흔든다는 뜻으로 앞뒤 선후관계가 바뀌었다는 의미로 종종 사용되곤 한다. 경제 용어로 선물 매매가 현물 주식시장을 흔드는 현상의 의미로도 많이 쓰이는데, 쉽게 말하자면 행복해서 웃는 것이 아니라 웃으니 행복해졌다는 표현의 느낌과 일맥상통한다고 볼 수 있겠다.

나는 정부에 들어가서 외형, 디자인, 형식 같은 면을 새로운 시각으로 들여다봤다. 인사혁신처는 신설 부처였기에 당장 일할 공간이 없어 정부서울청사 19층에 임시로 사무실이 꾸려졌다. 처장 임시 집무실에 안내를 받아 처음 들어가자마자 답답한 느낌이 들었다. 서너

명의 비서들이 일할 비서실이 비좁았던 것은 둘째 치고, 창문 하나 없는 공간이었기 때문이다. 임시 공간이기는 했지만 나 혼자 있을 집무실은 상대적으로 훨씬 넓었던 것에 비해 비서들은 빛도 들어오지 않고 눈이 오는지 비가 오는지 바깥 날씨가 어떤지도 모르는 좁은 곳에서 하루 종일 지내야 했던 것이다. 인간적으로 너무하다는 생각이 들었다. 비서진은 사람도 아니란 말인가.

창문 하나 없는 비서실은 시작에 불과했다. 청사 내부 복도는 전체적으로 어두컴컴하고 침울해 보였고, 사무실은 걸어다니기도 힘들 정도의 책과 서류 더미로 가득 차 있었으며 앞과 옆에 있는 동료 얼굴조차 보기 어려운 높은 파티션들로 둘러싸여 갑갑한 느낌이었다. 그 안에서 일하고 있는 직원들의 표정마저 우울하고 답답해 보였다.

이제까지와는 다른 방식으로 또 열린 생각으로 혁신하며 일하자 했는데 이 공간에서는 도저히 자신이 없었다. 그래서 정부서울청사 15~16층에 인사혁신처가 처음 자리 잡을 때 그리고 1년 후 세종시로 이전할 때 공간에 대한 고민을 무엇보다 우선시했다. 열린 공간에서 열린 생각이, 창조적 공간에서 창의적인 인재가, 밝은 공간에서 밝은 미래가 탄생한다는 믿음이 있었기 때문이다.

돈이 많이 들기도 하고 당장 추진하기에는 여건이 어렵다고 했다. 그러나 내 집무실의 폭을 1미터 남짓 줄이니 비서실에 빛이 들어오는 창이 생겼다. 복도를 전부 색칠하려면 예산 문제가 있다 해서 디자인 전문가로부터 자문을 받았더니 발전하는 느낌의, 60도로 우상향하는 주황색 사선을 그으라는 주문을 받을 수 있었다. 우중충했던

정부서울청사 15층 복도. 주황색 사선으로 '열린 공간'의 이미지를 주고자 했다.

오렌지색 넥타이와 파란색 와이셔츠로 혁신의 변화를 시작했다.

복도가 다양한 굵기의 사선 몇 개로 인해 열정적이고 역동적인 공간으로 변모했다. 단지 파티션을 낮추고 색깔만 바꿨는데 꽤 만족할 만한 화사하고 밝은 사무실로 바뀌게 되었다. 조금 생각을 바꾸고 작은 변화를 줬을 뿐인데 매일 아침 출근하고 하루를 보내야 하는 곳이 확 달라진 것이다.

세계적인 IT 기업인 구글, 애플, 페이스북 사옥은 칸막이가 없는 그야말로 뻥 뚫린 공간이다. 어느 자리에서 근무를 하든지 전혀 구애받지 않는다. 심지어 근무 시간에 수영장과 카페에서 시간을 보내는 직원들도 있다고 한다. 이것도 부족해 구글, 애플 신사옥의 외벽은 거대한 유리로 만들고 내부는 숲으로 채우겠다고 한다. 창의적이고 개방적인 공간이 직원과 회사에 미칠 영향력이 결코 작지 않다고 생각하기 때문이 아니겠는가.

인사혁신처 산하기관인 공무원연금공단이 2015년 제주혁신도시로 이전하는 과정에서 공간에 대해 다시 고민해보라 한 것도 그런 이유였다. 어두컴컴한 사무실, 높은 파티션, 외딴 사무실 속에 갇혀 무슨 소통을 하고 창의적 사고를 하라는 것인가. 가끔씩 돈 주고도 못 살 제주도의 여유로운 풍광도 감상하며 일할 수 있는 공간이 되길 바랐다. 반대로 인상적인 곳도 있었다. 한국동서발전 울산 신사옥의 창의성은 공간부터 혁신해나가겠다는 의지가 엿보였다. 구글, 애플 못지않은 개방성과 유연성이 그 기관의 미래에 대한 인상을 달라 보이게 만들었다.

마치 법으로 정해져 있기라도 한 것처럼 모든 장·차관들의 관용

차가 검은색을 고집할 때 나는 렌트 기간이 다된 검은 차를 은색 중고차로 바꾸고, 일률적인 흰 와이셔츠 대신 파란색 와이셔츠와 오렌지색 넥타이를 고집했던 이유도 다르지 않다. 튀어 보이고 싶다는 욕심 때문이 아니다. 대한민국의 내일을 위해 혁신하겠다, 바꿔보겠다 하면서 내 자신과 나를 둘러싸고 있는 작은 부분부터 바꿔보지 않는다면 과연 얼마나 달라질 수 있겠는가. 그냥 해오던 대로가 아니라 다른 시각으로 보고 또 다르게 생각해보자는 취지인 것이다.

언젠가 국무회의 전 티타임에서 타 부처 장관님이 인사혁신처의 내부 인테리어에 대한 이야기를 꺼내 화제가 된 적이 있다. 당시 대통령께서도 "형식이 내용에 영향을 미치는 것이 많다. 자꾸 그렇게 해서라도 바꾸는 것이 필요하다"는 말씀으로 지지를 해주셨는데, 공무원도 이제 어두침침한 사무실이 아니라 밝고 개방적인 공간에서 검정, 회색 정장이 아닌 화사하고 편안한 캐주얼을 입고 일하는 모습을 봤으면 한다. 사무실 형태, 옷차림을 바꿔 더 창의적으로 일하고 사고할 수 있다면 그렇게 바꿀 만한 가치가 있지 않을까. 나는 그런 작은 변화가 국민에게는 더 믿음직하고 신뢰받는 공무원이 될 수 있는 큰 혁신의 시작이 될 것이라 생각한다.

10

지방자치단체의
혁신 움직임

100만 공무원 중 35%는 지방자치단체에 소속된 지방공무원이다. 인사혁신처가 지방공무원까지 소관하고 있다면 특별한 노력 없이도 혁신을 전국 방방곡곡 확산시킬 수 있을 것이다. 그러나 국가직 공무원에 한정된 인사관리를 하다 보니 인사혁신 확산에 어려움을 느낄 수밖에 없었고 자연스레 지방공무원까지 인사혁신이 전파되는 방안을 찾게 되었다. 중앙 부처만으로는 국민이 체감하는 정부 혁신의 강도가 낮을 수밖에 없다는 판단 아래 지방자치단체장을 직접 찾아 인사혁신의 방향을 설명 드리고 협조를 구하겠다는 생각에 이르렀다.

취임 직후 연말과 연초에는 서울, 경기, 인천 수도권의 3개 단체장을 찾아 이야기를 나눴고, 이를 시작으로 17개 광역단체장을 모두 만나 인사혁신 흐름에 동참해 달라는 협조를 구했다. 인사혁신 방향과 내용을 설명하기도 전에 자신들의 인사 운영에 이미 혁신적인 시도들이 얼마나 많은지 설명하기 바쁜 곳도 있었다. 실제 앞서나가는 지자체들도 여럿 있어 배울 점이 많고 함께 협력해나가자는 이야기도 나왔다.

민선 광역단체장들이다 보니 정치 경력이나 행정 경험이 많고 한 분야의 전문가로서 이미 명사의 반열에 오른 분들이 많았다. 개개인이 가진 캐릭터는 모두 달랐지만 일단 배울 것이 많은 분들임에는 틀림이 없었고 인사혁신을 받아들이는 온도차는 있었지만, 우리가 가고자 하는 방향에 대해 충분히 설명하니 그에 대해 모두 공감해줘 감사한 마음이었다.

특히 몇 군데 지자체는 만남이 있은 뒤, 함께 협력해 인사혁신을 붐업boom up시켜보자는 제의까지 해와서 고마운 마음이 들었다. 그 중에 경기도는 민간 경력자와 장애인, 다문화 출신 등 채용을 확대해 개방과 다양성을 높이고 전문 직위를 확대 운영하는 한편 조직 문화 개선과 성과 중심의 인사관리 방안을 자체적으로 수립해 추진하고 있다. 또 강원도는 직위와 직급을 분리해 성과 중심의 인사를 구현하고 조직을 업무 중심으로 재편해야 하며, 전문직제를 도입해 분야별 전문가를 키워야 한다고 거꾸로 우리에게 건의까지 해왔다.

결국 국민들이 느끼는 정부의 변화는 대민 접점에서 일하고 있는 공무원들에 대한 인식으로부터 시작된다. 지방공무원들은 그런 점에서 매우 중요한 혁신의 축이자 주인공이다. 국가직과 지방직을 가르지 말고 우리 정부와 국가의 발전을 위해 함께 손잡고 달렸으면 한다.

11

개선이 필요한
절차나 관행

정부에 들어가서 파악해보니 소관법률과 예산을 심의 · 의결할 때는
물론이고, 주기적으로 국회 상임위원회에 출석해 업무보고도 하고
이에 대해 국회의원들로부터 질의와 지적을 받는 등 국회 일정이 상
당히 많다. 두 달 간격으로 임시국회가 열리고 매년 가을 정기국회도
열리니 한 해 동안 상당 시일을 국회와 함께 일해야 한다. 헌법 규정
에 녹아 있는 삼권분립의 원칙에 따라 입법, 행정, 사법부 간 견제와
균형의 시스템은 그 자체로 의미가 있다고 본다. 하지만 국회를 자주
왔다 갔다 하다 보니 국회 관련 업무를 보다 효율적으로 운영할 수
있을 텐데 하는 아쉬움이 많이 들었다.

먼저, 중요한 쟁점과 그렇지 않은 사안에 대한 구분이 아쉬웠다.

법안의 경중과 관계없이 모든 법안을 동일하게 취급하는 경우가 많았다. 여야가 합의하고 이견이 없는 법안들은 일단 먼저 통과를 시켜주고 쟁점이 있는 법안은 그 후에 심도 있게 토론하고 다투면 될 텐데, 마치 무쟁점 법안을 볼모인 양 붙잡아두고 전체 의사 일정을 지연시켜 파행에 이르는 경우가 많았던 것이다. 일해야 하는 행정부의 입장에서는 국회에서 법안과 예산이 속히 통과되기만을 바라고 있는데, 그 부분에 대한 고려는 부족해 보였다. 국회에서 처리해야 할 안건들을 중요도에 따라 A, B, C로 구분한다든지 해서 절차에 차등을 두면 좋지 않을까. 쟁점이 없는 법안은 패스트트랙fast track으로 빠르게 통과시켜주면 행정부도 일하기 훨씬 수월할 것이고 국가적인 효율성도 향상되리라 본다.

두 번째는, 행정부에 대한 배려다. 국회는 국민의 대의기관이다 보니 모든 일정에 우선순위를 두고 진행된다. 그 부분은 국민의 한 사람으로서 존중하고 따라야 한다. 그런데 시일이 임박해야 일정이 확정되는가 하면 정해진 일정도 돌연 변경되는 경우가 자주 있다. 일정을 사전에 미리 공지하고 그 시간에 어김없이 정부기관장들을 불러 심의하는 것이 더 좋지 않을까. 불가피한 일정 변경이야 어쩔 수 없다지만, 국회에 최우선 순위를 두고 일정을 조정해온 기관들을 생각해 일정 변경도 최소화하는 노력이 필요하지 않을까. 여야 간 흐르는 기류에 따라 바쁜 기관장들을 무한정 대기시키거나 시간을 바꾸는 것이 괜찮은지 한 번쯤 돌아볼 필요가 있다.

특히 법제사법위원회는 여러 상임위 안건을 처리하기에 시간을 예측하기가 더욱 어렵다. 이런 경우도 시간대를 미리 정해 일정을 서로 예측 가능하도록 조율하는 지혜가 필요하지 않을까. 각 상임위원회도 처리하기로 합의했던 안건들은 일단 처리를 하고 그 후에 다툼이 있는 쟁점들을 논의하면 되는 것이지, 다투기만 하다가 정작 처리해야 할 안건들은 하나도 처리하지 못하고 정회하고 산회하는 것이 과연 국민을 위해 좋은 것인지 되돌아볼 필요가 있다.

예산결산특별위원회에서도 유사한 상황이 종종 나타난다. 50여 개 정부 부처 기관장은 예산과 결산 심의 시즌마다 종합정책질의와 부별심사 등 일정에 예결위 회의장으로 출석해야 한다. 이 중 실제 질의를 받는 부처는 어림짐작으로 반 정도도 안 되는 듯하다. 과연 이 기관장 모두를 불러다놓고 의사 진행을 할 필요가 있는 것일까. 질의가 있는 의원이 어느 부처에 질의하겠다고만 알려주면 필요한 부처의 장이 필요한 때에 와서 답변하면 되는 것 아니겠는가. 서로 존중하고 상대의 시간도 소중하다는 생각을 해주면 함께 좋은 게 아니겠는가. 더군다나, 국회의 상대 행정부는 국민을 위해 일하는 기관이 아니던가. 개인별로 의원회관으로 찾아가 설명을 드리고 만나보면 다들 훌륭하신 분들인데 전체가 모였을 때의 시스템은 아직도 선진화되어야 할 부분이 많아 보인다.

공직사회 내부적으로도 고쳐야 할 국회에서의 관행이 있다. 공무원들은 장·차관을 보좌한답시고 상임위원회, 법사위, 예결위 할 것 없이 회의장 앞에 장사진을 이루고 회의 내내 기다린다. 혹시나 소관 업무에 대한 질의가 나올까봐 대기한단다. 예상치 못한 질문이 나오면 어차피 기관장이 답변해야 하는 것이니 알아보고 답변 드리겠다 하고 부서에 연락해 자료를 받으면 되는 것이다. 대기 인력의 낭비가 심각하다. 공직사회도 이러한 비효율을 되돌아봐야 하지 않을까. 인사혁신처의 경우 국회 담당 직원과 담당국장 외에는 일체 국회에서 대기하는 행태를 보이지 말라고 했다. 사무실에서 열심히 일해도 모자를 판에 왜 길바닥에다 시간을 내버리는가. 그 시간은 단순히 한 개인의 시간이 아니다.

제반 절차를 존중하고 따르는 것은 당연하지만, 운영함에 있어 보다 나아질 수 있는 여지가 있음을 알고서도 그것을 개선하지 않는 것은 결국 국민에게 잘못을 범하는 것이라는 점을 유념할 필요가 있다.

2장

미생의 혁신을
시작하다

01

—

누구를 위한
인사혁신인가

인사혁신처 출범 이후 새로운 인사 실험이 많다고 한다. 이 과정에서 대국민 상대 강의, 대공무원 간담회와 특강, 언론 인터뷰 등을 통해 수없이 많은 이들과 이야기했다. 공무원과 정부 문제 해결이 국가 발전에 있어 매우 중요하다는 점에 대해서는 모두 동의하지만, 집단에 따라 인사혁신에 대한 태도는 사뭇 다름을 느낄 수 있었다. 인사혁신이 공무원과 척지자고 하는 것은 아닐 것이다. 그럼 과연 누구를 위해 하는 것인가.

인사혁신처의 주요 업무는 채용의 혁신, 교육의 정상화, 전문성 강화, 성과 중시, 반듯한 공무원 문화 조성 등이다. 공직 가치를 바로 세우고 미래와 세계로 나아가는 경쟁력 있는 공직사회를 만들기 위한 방향으로 이것들을 추진하고 있다. 누구를 위한 인사혁신인지 말도 많다. 이에 대해 크게 3가지 시각으로 생각해볼 수 있다.

국민의 입장: 믿음직한 공무원

일단 국민의 입장에서 인사혁신은 공무원이 국민의 눈높이에 맞는 성과를 내고 책임을 지며 신망을 받을 수 있도록 가는 길이다. 말 그대로 국민에 대한 봉사자로서의 공무원이 일을 더 잘할 수 있게 하자는 취지다.

부정부패, 갑질, 관피아, 철밥통, 무사안일, 복지부동 이런 단어들로 점철된 공직사회를 청렴하고 존중받는 곳으로 거듭나게 해보자는 것이다. 공직 가치를 바로 세우고 전문성을 가진 공무원을 뽑고 키워서 '따뜻함과 유능함'으로 표현되는 사회를 만들자는 것이다. 잡초는 뽑고 잔디는 물을 잘 주고 칭찬해 공직사회라는 좋은 잔디밭 위에서 국민들이 뛰어놀며 안락한 휴식을 즐길 수 있게 하자는 것이다. 그래서 나는 공무원을 칭찬해 달라, 개선을 위한 작은 목소리라도 내달라고 부탁한다.

공무원의 입장: 값있는 경쟁력

공무원은 일단 현상 변화라는 측면에서 인사혁신을 거부하는 경향이 있지만 실상을 들여다보면 생각이 달라질 수 있다. 연일 보도되는 일부 공무원의 일탈로 인해 100만 공무원 모두가 잠재적 범죄자(?)로 취급받는 사회 분위기, 다이아몬드 같은 인재가 들어와서 현실에 안

주하게 되는 시스템이 과연 공무원 자신에게 좋은지 되묻고 싶다. 앞서 언급한 유리컵 속의 벼룩처럼 더 뛸 수도 있지만 천장에 부딪혀 조금씩 뛰고 있는 것은 아닌지, 물고기 코이처럼 1미터 이상 클 수 있는데 어항 속에 갇혀 10센티미터 미만으로 살고 있지 않은지, 또 그런 현실에 만족하고 있는지 묻고 싶다.

30년 이상 공직 생활을 한 58세 공무원에게 잘하는 것이 무엇이냐 물었더니 '특별히 없고 일단 시키는 걸 잘한다' 는 답이 돌아왔다. 어디 가서 공무원이라고 자랑스레 이야기하지 못한다고 한다. 5급 공채에 합격한 최고 인재가 세월이 지나면서 경쟁력이 떨어져 불러주는 민간 분야 하나 없는 현실에 처한다고 한다. 이런 현실은 과연 그들 개인의 문제인지, 자기계발 시스템과 성과를 중시하고 전문성을 증진시켜줘야 하는 인사관리의 문제는 아닌지 생각해봐야 한다.

이를 공직의 인사 시스템과 국가 차원의 책임이라 보고 개선하자는 것이 바로 인사혁신이다. 공무원이라 하면 꽃집에서조차 꽃값을 깎아주고 싶을 만큼 고마운 사람으로 여기는 그리고 각 분야에서 가장 우수한 사람이 모인 곳이 공무원 집단인 미래를 꿈꾸는 것이다. 국민들에게 '유능하고 따뜻하다' 는 평을 듣는 그날이 인사혁신이 가고자 하는 종착점이고, 100세 시대를 살아갈 공무원의 경쟁력을 키워주자는 것이 지향점이다.

정부와 국가의 입장: 세계 속의 한국

공무원노조는 성과급제를 폐지하자, 퇴출제를 폐지하자 그리고 연금을 그대로 가자고 주장한다. 정부와 국가의 성장을 위한 길은 과연 어떤 것일까? 공무원 기득권을 강화하는 일들이 사기진작이라는 이름으로 계속된다면 정부의 내일, 국가의 미래는 어떻게 될까? 지금만큼 공무원연금을 받는 세상이 앞으로도 계속될까? 그리스 사태처럼 국가라고 무너지지 말란 법이 있을까? IMF 이후 한국 30대 기업의 반 이상이 무너졌다는데, 이것은 기업에만 해당되는 일일까?

분명한 것은 조직이 성장해야 그 혜택이 구성원들에게 골고루 돌아간다는 사실이다. 그리고 인사혁신은 공직사회 경쟁력을 살려 우리나라가 지난 70여 년간 눈부신 성장을 거듭해온 것처럼 앞으로도 생존하고 지속 가능한 성공을 해나가자는 것이다. 일 잘하는 공무원 사회를 만들고 국민에게도 지지받는 일을 함으로써 우리가 지나간 뒤 여기서 살아갈 우리 아이들을 위해 이곳을 더 나은 곳으로 만들자는 것이다.

이렇게 크게 3가지 시각으로 살펴봤지만, 과연 누구를 위한 혁신인가에 대한 대답은 내일의 국민, 공무원, 대한민국이 자연스레 알게 될 것이다. 혁신은 절박함이다. 절대적 위기의 순간에 혁신이 일어난다. 하늘이 무너져야 솟아날 구멍이 있다. 그리고 그 구멍이 바로 혁신이다. 혁신은 지옥 같은 전투다. 하지만 바꾸지 않으면 어떻게 할 것인가. 안 바꾸면 우리 미래가 어찌 될지 생각해보라. 그럼 답이 금방 나온다.

누구나 변화는 두렵다. 나라고 공무원 사회에 대한 두려움이 없었을까. 변화와 혁신은 두려움에서 시작한다. 하지만 지금은 가만히 있으면 안 되는 시기다. 목소리를 내고 변화 움직임을 이끌어야 한다.

나는 1주년을 기점으로 인사혁신처의 약칭을 '인사처'에서 '혁신처'로 바꾸자고 제안했다. 이제 방점을 혁신의 출발, 혁신의 확산에 놓기 위함이었다. 혁신의 끝은 없다. 모든 성공한 조직과 국가는 끊임없이 혁신했다. 환경 변화에 살아남기 위해서다. 살아남으려고 지속적으로 변화한 DNA 생존법이다. 자연법칙이다.

그동안 추격자 시스템으로 성장한 우리가 이제부터는 선도자로 앞서갈 수 있을까. 국가가 공무원연금을 계속 주려면, 또 저출산·고령화 대책으로 복지 예산을 늘리려면 지속적인 성장이 필요하다. 답은 하나다. 공무원도, 국가도 가치를 높여야 한다. 나 하나쯤 변하지 않아도 괜찮다고 생각할 때가 아니다.

다만, 혁신을 하되 내가 추구한 것은 '따뜻한 혁신'이다. 모두가 이익을 공유하는 혁신, 모두가 성장의 과실(果實)을 함께 나누는 혁신 말이다. 구성원 희생을 딛고 이루는 혁신이 아니다. 희생을 통한 혁신은 저항이 심하다. 공무원을 낭떠러지로 떠미는 혁신을 할 수도 있겠지만 그래서는 성공할 수 없고 그러고 싶지도 않다. 기업에서의 구조조정 경험도 있지만, 사람을 내보낸다는 등의 조치는 최소한으로 했다는 평가를 받았었다. 결코 줄을 세워 순위 매기자는 말은 아니다. 함께 변화하고 성장하자는 것이다.

결국 우리가 하려는 혁신은 공무원의 가치와 성과를 제대로 만드는 것이다. 이를 통해 국가를 성장시키고 세계와 경쟁해야 한다. 국민 모두에게 성과가 돌아가도록 하는 동력이자 엔진으로서 공무원을 혁신하자는 것이다. 그 출발점은 공무원의 자기 인식이고 역할에 대한 자부심이다.

그래서 당장 눈앞에 성과가 나타날 수 있는 성질의 것들이 아니라 장기적으로 20년, 그 이후를 내다보는 일에 심혈을 기울여야 한다. 공직의 문화, 채용과 교육을 바꾸려 하는 것도 공직사회의 기초 fundamental 체질을 튼튼하게 하려는 것이다. 사람(인사)을 혁신하면 시스템과 환경 혁신으로 이어진다. 이것은 씨앗을 뿌리는 일이다. 언젠가 싹이 나지 않을까.

혁신이 그렇게 어려운 것만도 아니다. 스티브 잡스Steve Jobs는 기존 MP3 플레이어에 사용자 중심의 감성적 디자인을 반영해 아이팟과 아이폰으로 이어지는 성공 신화를 창출했다. 한국을 방문했던 비브 골드스타인Viv Goldstein GE부사장도 혁신의 출발점은 '작은 것이라도 일단 시작하는 실행의 용기'라고 했다. 인사혁신처도 25년 전 기업에서 사라진 검은색 결재 판을 흰색의 비닐파일 형식으로 바꿨다. 단가도 낮고 가볍고 실용적이다. 그동안 바꾸지 못한 것은 아무도 관심을 가지지 않아서였지 어려워서가 아니었다. 눈앞에 보이는 문제에 관심을 갖고 실행에 옮기기 시작하면 언젠가 싹이 트고 꽃을 피우고 또 열매도 맺지 않을까.

이제는 생존의 시대가 아니라 성장의 시대다. 다음 세대에게는 생존을 넘어 성장의 경험을 전해줘야 한다. 오늘보다 나은 내일을 물려줄 수 있는가? 내가 성장의 혁신론을 끊임없이 환기시키고 퍼뜨리는 이유다. 그리고 지금 시작해야 한다. 바로 지금!

—

02

칭찬은 공무원도
춤추게 한다

바나나와 파인애플을 참으로 먹고 싶던 시절이 있었다. 선친이 안정적인 직장에 다니고 있었음에도 불구하고 한 끼를 굶었던 날들이 기억난다. 우리는 그렇게 가난했지만 광복 이후 70년간 눈부신 압축 성장을 했다. 내 자식들은 굶기지 않겠다는 부모들의 희생과 교육열, 국가 지도자와 정부의 선도적 역할, 잘살아보겠다는 국민 모두의 의지가 시너지를 불러일으켜 한강의 기적을 일궈냈다.

이러한 국가의 발전 과정에서 우리는 공무원들에게 호의적인 평가를 했다. 박봉에 시달리면서도 국가 발전에 기여한다는 사명감과 자긍심으로 불철주야 일하는 이들이 바로 공무원이라는 인식이 보편적이었다. 한강의 기적을 일군 근대화의 주역이 정부라고 생각하느냐는 질문에 80% 이상이 긍정적으로 답변한 여론조사 결과도 있다. 어쩌면 고성장 시대 분위기 속에서 상대적으로 공무원에 대한 측은지심이 들었을 수도 있다.

어찌됐든 오늘날 공무원에 대한 인식은 사뭇 다르다. 존경과 우대보다는 질시와 불신의 인식이 압도적이다. 역설적으로 공무원에 대한 직업적 관심은 그 어느 때보다 뜨겁다. 저성장 시대의 고용 불안으로 인해 안정적인 공직에 대한 선호가 높아진 것이다. 앞서 밝혔듯 2016년 국가직 9급 공채시험에는 22만 명이 몰려 평균 54대 1의 경쟁률을 기록했다고 한다. 이처럼 높은 경쟁률을 뚫고 들어온 신규 공무원들은 과연 과거 선배 공직자가 지녔던 자세와 사명감을 지니고 있을까? 현재의 재직자들은 또 어떨까?

공무원의 문화를 가꾸는 것은 좋은 잔디밭을 만드는 것과 비슷하다고 생각한다. 잡초를 뽑지 않으면 좋은 잔디가 잘 자라지 않는다. 잡초를 뽑아야만 질 좋은 잔디가 죽지 않고 잘 자랄 수 있고 좋은 잔디밭을 만들 수 있다. 물론 목적은 좋은 잔디밭 자체가 아니라 그 위에서 뛰어놀 국민을 위해서다. 하지만 국민들이 고용한 일꾼인 공무원을 꾸짖기만 한다고 해보자. 일꾼들이 어디 신나서 일하겠는가.

7대 종단 대표들을 예방해 공직 가치에 대한 고견을 구했다. 종교계 지도자들 역시 공직사회에 대한 인상은 좋지 않았다. 공직자들에 대한 신도들의 불만 사항을 전달하기에 바빴는데, 나는 역으로 되물었다. 그렇다면 100만 공무원 모두가 범죄자 취급받아야 합니까? 모두가 뽑아야 할 잡초입니까? 이 질문에 지도자 분들은 그렇지는 않다고 하시며 공무원 중 일부의 잘못이 전체로 호도되는 측면도 있다고 공감해주셨다.

'칭찬은 고래도 춤추게 한다'는데 공무원도 춤추게 해줘야 하는 것이 아닐까. 그래서 전문성을 갖고 헌신한 공무원에게 '대한민국 공무원상'을 수여하고 인사상 우대하는 '칭찬 시스템'을 시작했다. 역대 최초로 공무원만 청와대로 불러 대통령이 직접 시상하는 대한민국 공무원상 시상식을 두 차례 치렀다. '상' 문화를 확산시키기 위해 정부 포상이 아닌 기관장 표창을 받은 경우에도 징계를 감경하는 등의 혜택을 부여하도록 해 일 잘하는 공무원을 칭찬하고 격려하자는 문화를 도입하기도 했다.

한편 공무원에게 롤모델을 널리 알리고 가르치는 것이 좋겠다고 생각해서 검토 지시를 했더니 롤모델이라는 것을 정해본 적이 없다고 한다. 한국을 빛낸 체육인, 음악인은 기억하면서 왜 한국을 빛낸 공무원들에 대해서는 기리지 않는 걸까? 70년 동안 한국을 빛낸 공무원이 정말 없다고 생각해서일까? 그래서 대한민국을 빛낸 50인의 공무원을 선발하도록 하고 대한민국 공무원 명예의 전당도 만들어 그들의 업적을 기리고 본받는 풍토를 조성하기로 했다.

공무원도 사람이다. 타박만 하기보다 칭찬을 해주고 잘하는 사람에게는 인센티브도 더 얹어주는 시스템이 정착되어야 공무원들이 국민을 위해 더 열심히 일하지 않겠는가. 공무원도 국민하기 나름이라고 본다.

반듯한 공직
문화를 위하여

인사의 주요 역할 중 하나가 조직의 미션이 성공적으로 완수될 수 있도록 그 기저에 깔린 조직 문화를 조성하는 것이다. 앞서 이야기한 '잔디론' 외에도 바람직한 조직 문화를 조성하기 위한 여러 방면의 노력을 기울였다. 마치 물고기를 잡을 때 한 번에 창살로 잡기보다 서서히 사방에서 망을 좁혀 몰아가듯 공직 문화를 반듯하게 만들어 나가기 위한 전방위적인 접근을 시도했다.

먼저, 세월호 참사 이후 추락한 국민의 신뢰를 끌어올리려면 공직 가치를 바로 세우는 작업을 선행해야겠다 생각하고, 시대와 국민의 눈높이에 맞도록 공직 가치를 재정립했다. 국민을 섬기고 존중받는 공무원으로 나아가기 위한 첫 걸음이었다. 국민, 공무원, 종교계,

SNS 의견 수렴 그리고 연구용역, 자문회의, 내외부 감수 등의 절차를 거쳐 핵심 공직 가치를 새로 도출했다. 국가와 사회에 대한 가치 기준으로 국가관(애국심, 민주성, 다양성), 올바른 직무 수행의 자세로 공직관(책임감, 투명성, 공정성), 공직자가 갖춰야 할 개인윤리로 윤리관(청렴성, 공익성, 도덕성) 등 3가지 틀로 공직 가치를 재정비했다.

이를 토대로 〈공무원윤리헌장〉을 〈공무원 헌장〉으로 개정했다. 1980년 제정된 〈공무원윤리헌장〉은 '민족중흥의 최일선에~', '겨레 위해 봉사', '민족의 양심' 등 시대 흐름에 맞지 않는 용어로 구성되어 쓰이지 않고 있었다. 공무원의 가치를 규정하는 이 헌장도 손봐야겠다 생각하고 전문가와 국민들의 의견을 수렴하는 절차를 진행했다. 그리고 새로운 공직 가치는 국민을 섬기고 존중받는 공무원, 미래를 향해 세계와 경쟁하는 공무원을 지향점으로 삼고 그에 맞게 〈공무원 헌장〉 개정 작업을 진행했다. 또한 채용 단계부터 이번에 재정립한 공직 가치를 기준으로 바른 인재를 선발하도록 하고 교육기관에서의 공직 가치 교육도 강화하기로 했다.

최초 임용 시 다짐하는 '공무원 선서' 역시 공직을 수행하며 항상 그 다짐을 잊지 않도록 책상, 업무수첩 등에 상시 비치하도록 했다. 그리고 언급했듯이 내 휴대폰을 비롯해 혁신처 통화연결음도 공무원 선서를 낭독하는 내레이션으로 바꾸도록 했다. 이는 기독교의 주기도문 또는 양심의 법정 같은 효과를 유인해 공직자 스스로가 공직 가치를 내재화하도록 유도하기 위함이었다.

기부, 심폐소생술 교육, 헌혈, 재능 나눔을 통해 국민에게 봉사하

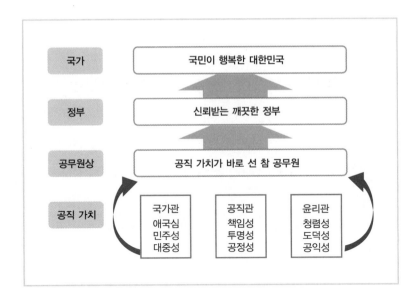

며 사랑을 나누는 활동들도 장려했다. 우리 처 직원들부터 월급의 일부나마 기부하기 시작했고, 생활 속에서 이웃의 생명을 구할 수 있는 심폐소생술 교육을 전 공무원에게 2년 주기로 시키도록 의무화했다. 기관별로 단체 헌혈을 통해 이웃 사랑을 실천하도록 하는 한편 기관 차원의 사회복지 시설 방문, 동호회별 농어촌 일손 돕기, 재능 나눔 활동 등을 장려했다. 책 읽는 문화를 확산시켜 지식과 교양을 갖추고 시대 흐름을 아는 공무원들로 변화시키고자 노력했다.

반면 잡초를 뽑는 작업도 강하게 밀고 나갔다. 3대 주요 비위인 금품, 음주운전, 성범죄 등에 대해서는 징계를 강화하고, 특히 100만 원 이상 금품수수 시 직무 관련성 여부와 무관하게 공직에서 배제하도록 징계 기준을 강화했다. 우리 처에 속해 있는 중앙징계위원회에

위원장 자격으로 참석하면서 복무규율은 일반 실정법에 비해 엄격하게 적용되어야 한다는 생각을 갖게 되었다. 내부 규율을 엄격하게 다지고 올바르지 못한 행위에 대해 단호하게 대처해야만 유사한 사례가 다시 발생하지 않을 것이라는 믿음이 있다. 이러한 인식이 공직 저변에 확산되어야 공직 가치에 어긋나는 행동을 해서는 안 되겠다는 자발적 규율이 공무원들의 마음속에 공고하게 자리 잡을 수 있을 것이다.

이런 과정을 거쳐 언젠가는 공무원 하면 어두컴컴한 색이 아닌 희망, 활기, 책임과 같은 긍정적 이미지를 상징하는 파란색, 그린색, 핑크색 등이 연상되면 좋겠다. 공무원과 국민이 서로에게 신뢰를 보내는 사회, 그곳이야말로 진정한 '국민 행복' 시대를 열어갈 수 있는 나라가 아닐까. 이 밖에도 적극행정 장려, 소극행정 근절, 근무혁신을 통해 자기 주도적이고 생산적인 문화를 조성하기 위한 다양한 제도 개선과 일하는 방식의 혁신을 추구하고자 노력했다.

소극행정 근절,
적극행정 장려

민간에 있다가 공직에 들어와서 그런지 차마 공무원에게 직접 말하지 못했던 불만들을 나에게 대신 토로하는 사람들이 많았다. 사연 하나하나 들어보면 분통이 터지고 화가 날 만한 일들이다. 무엇이 그들을 그렇게 화나게 했을까? 공무원들은 왜 민원인이 그토록 악감정을 갖도록 만들었을까?

국민 입장에서 분통이 터지는 상황은 공무원이 해야 할 일을 하지 않았거나 할 수 있는데도 '굳이' 움직이지 않아 자신에게 불편을 끼치고 권익을 침해하는 때다. 바로 소극행정이라 부르는 행태인 것이다. 민원을 신청하면 법과 절차상 불가능한 이유부터 찾기 시작한다거나 논란이 될 만한 사안에 대해서는 결정을 차일피일 미루며 늑장

부리는 행태, 법적 근거도 없이 내부적인 지침을 이유로 자의적인 규제를 하는 사례가 대표적이다. 민원인이 원하는 바를 (적극적으로) 해결해주려는 의지가 없이 민원 단건별로 (소극적으로) 대응해 결국 여기저기 왔다 갔다 헤매게 만드는 경우도 자주 지적된다. 이로 인해 공무원은 무사안일하고 복지부동이고 철밥통이라는 인식이 굳어지는 것이다.

공무원 입장에서 보면 그러한 행태가 나타나는 환경이 이해 안 되는 것도 아니다. 일단 그동안 관행적으로 해온 대로 하다 보니 나서서 해결해주는 방식이 익숙하지도 않거니와 괜히 나섰다가 감사나 징계받을 우려도 있고, 굳이 적극적으로 일하지 않아도 처벌받지 않는다는 것이다. 게다가 적극적으로 일했다고 해서 인센티브가 주어지는 것도 아니고 순환보직이 일상화되어 있다 보니 얼마 안 있어 다른 자리로 옮길 생각에 해결 의지도 약해지는 것이다. 전임자는 후임자에게 넘길 생각에, 후임자는 인수인계가 아직 덜 되었다는 핑계로 업무는 점점 지체되곤 한다. 하지만 사람은 시스템에 의해 움직이는 존재이기도 하므로 개개인을 탓하는 것에도 한계가 있지 않을까.

그래서 이제 패러다임을 바꿔야겠다는 생각이 들었다. 적극 나서서 설거지한 사람이 그릇을 깨더라도 혼내거나 책임을 묻지 않고, 설거지를 잘했을 경우 상을 주며, 설거지를 하지 않고 방치하는 사람은 처벌을 하겠다는 것이다. 부작위나 근무 태만 등 소극행정을 비위의 별도 유형으로 명시하고 고의가 있는 경우에는 파면까지 가능하도록 징계 기준을 강화하기로 했다. 또한 적극적인 업무 처리로 기관장 표창을 받은 공무원은 징계를 감경해주고 보복적 행정행위를 하는 경우에는 반드시 징계의결을 요구하도록 규정을 개정하기로 했다. 이 같은 소극행정 관련 징계제도 개선 사항과 함께 적극행정하다 잘못하더라도 면책하는 제도에 대해 중앙 부처와 지자체 공무원 대상으로 찾아가는 교육을 실시해 널리 알리기로 했다. 또 적극적으로 주민 불편을 해결했다거나 신속하게 업무를 처리한 적극행정에 대해 우수사례 경진대회를 열어 상을 주고 사례집을 발간해 널리 알리기로 했다.

마침 2016년 2월 대통령도 국민 또는 기업과 직접 접하는 공무원들의 마음가짐과 가치관, 자세가 결국은 정책의 효과성 및 신뢰성과 직결된다며 '어떻게 하면 기업을 도와 투자가 이뤄지게 할 것인가' 등의 마인드를 갖는 것이 매우 중요하다는 말씀을 하셨다. 그리고 대국민과 기업 접점에서 일하는 공무원들을 대상으로 행정 서비스 마인드 향상을 위한 교육을 시작하기로 했다.

이들이 가져야 할 마인드는 별것이 아니다. 국민의 고충을 해결해주려는 마음, 잘 듣고 나서 그것을 어떻게 해결해줄 수 있을까 하고 같이 고민해주는 마음이다. 한 사람이 아닌 국가와 모두에게 이익이 되는 일이라면 법령도 바꾸려는 노력을 하겠다는 자세다. 큰 규제 개선이나 작은 대민 서비스나 결국은 마음가짐에서 시작되는 것이고, 그것이 바로 국민들이 공무원에게 바라고 기대하는 모습이다. 진작 정착되었어야 할 교육이지만 늦게나마 시작하게 된 것은 다행이라고 생각한다.

하나하나 요구에 대응만 하고 말아버리는 행정이 아니라 해결책을 적극적으로 찾아주는 적극행정을 통해 국민들이 공직자들에게 고마워하는 그날을 기대해본다. 그래서 "공무원이 달라졌네!" 하는 소리 좀 들어보고 싶다.

05

당신의 시간은
안녕하십니까

저녁이 있는 삶. 대한민국 직장인들에게는 쉽지 않은 얘기다. 최근에 만난 옛 제자에게 퇴근 후 저녁 시간엔 주로 뭐하고 지내냐 물으니, 퇴근 시간을 묻는 질문 자체가 짜증이 날 정도라고 한다. 이유인즉 퇴근 시간을 스스로 결정할 수 없다는 것이다. 상사가 퇴근하지 않으면 일이 없어도 야근을 해야 하는 '눈치 야근'을 하는 날이 대부분이라고 한다. 연말 연차를 내고도 출근했다는 푸념들이 계속 이어진다. 그래서 그만큼 일도 많이 하는 것이냐고 또 한 번 물었다. 6시에 퇴근할 수 있지만 저녁 먹으면서 반주하고 커피 마시면서 잡담하다가 10시, 11시가 훌쩍 넘는 날이 절반이라고 한다.

나 역시 기업에서 평생을 지내며 밤낮과 휴일 가리지 않고 일했던 적이 있었다. 바쁘다는 정의가 무엇인지 궁금했다. 일이 많아서 야근하는 것은 누구나 인정하고 양해한다. 하지만 업무 시간에 인터넷 서핑, 사내 메신저, SNS, 흡연, 티타임 등으로 흘려보내는 시간 대신에 집중적으로 일한다면 그 야근도 줄일 수 있다는 것이 내 경험에서 나온 철칙이다.

휴가도 마찬가지다. 업무를 담당하는 직원들은 본인 업무의 연간 스케줄을 대충 알고 있다. 연초에 연간 휴가 계획을 세워 해외여행도 가고 계획적으로 알차게 휴가를 보낼 수 있는데, 공무원의 연가 활용은 주어진 일수의 반도 안 된다. 인사혁신처 직원들에게 크리스마스 전후로 휴가를 가라 했더니 언론에서 한창 시끄럽게 보도되었다. 과연 이렇게 보도될 일인지 의문이 드는 한편 우리나라 직장 문화가 처한 현주소를 나타내는 듯해 씁쓸하기도 했다. 장시간 근로 관행으로 인한 생산성 저하는 수치로도 나타나고 있다.

대한민국 직장인의 연간 근로시간은 2,124시간(2014년 기준, OECD 32개국 중 2위)으로 최단 시간 일하는 독일과 비교하면 근로자 1인당 연간 약 94일을 더 일하는 셈이다. 그런데 시간당 노동생산성은 OECD 국가 중 25위(2013년 기준)로 최하위권이다. 한마디로 오래 일하지만 생산적이지 못한 비효율적인 근로 문화가 만연해 있다는 얘기다. 장시간 근로로 인한 피로는 직무 몰입도를 떨어뜨려 생산성을 저하시키고, 낮은 생산성은 산출 목표 달성을 위해 다시 장시간 근로로 이어지는 악순환이 반복된다. 이것이 바로 내가 직원들에게, 또 대한민국 직장인들에게 시간 관리 및 근무혁신을 외치고 싶은 이유다.

나는 관행적인 초과 근무를 줄이기 위해 계획 초과 근무제를 실시하고, 불필요한 업무 프로세스 줄이기, 유연 근무를 활성화하고 연간 휴가 계획을 통해 재충전을 실시하도록 하는 등 다양한 방식으로 공직사회의 근무혁신을 시작했다.

늘 혁신을 시작할 때는 어렵다고 하지만, 일단 도입하고 노력하면 어느새 우리는 그 길을 걷고 있다. 현재를 보고 어렵다는 말 대신에 미래를 보며 함께 나아가면 우리는 할 수 있다고 믿는다. 자기개발, 일과 가정의 양립, 생산성 향상, 소비 촉진과 내수 활성화…. 굳이 말하지 않아도 근무혁신의 필요성은 충분하다.

"자신의 삶, 내 인생의 주인은 누구라고 생각하십니까?" 이렇게 묻는다면, 대부분의 사람들은 "나"라고 답할 것이다. 그런데 오늘 하루 시간은 누구의 것이냐고 물으면 과연 자신 있게 "나"라고 답할 사람이 얼마나 있을까. 상사 눈치 때문에 필요 없는 야근(야근이지만 일도 하지 않는)하느라 나의 시간은 버려지고, 버려진 시간은 오히려 일, 건강, 가족, 나의 행복한 삶에 칼이 되어 돌아온다. 비단 하루뿐이겠는가. 내 삶의 주인, 내 시간의 주인인 나에게 1년 동안 주어진 휴가의 절반도 제대로 쓰지 못하는 것이 현실이다.

일하는 시간을 줄이자, 쉬면서 일하자고 하면 혹자는 이렇게 말한다. 나라가, 회사가 무너질지도 모르는 엄중한 시기인데 지금 놀 때냐고…. 그냥 일하지 말고 놀자는 것이 아니다. 효율적으로 일하고, 창의적으로 일할 수 있게 재충전하자는 것이다. 8시간에 끝낼 수 있는 일을 12시간 동안 하는 것이 잘하는 일이라는 것인가. 12시간 하는 일을 8시간에 마치고, 확보한 그 시간을 자기계발에 쓴다면 경쟁력을 갖춰 조직의 미래 먹거리를 창출하는 창조적 인재가 될 것이다. 또한 그 시간을 휴가에 쓴다면 자신의 삶이 윤택해지는 것은 물론 문화·관광산업 등 내수 진작에 따른 수조 원의 경제 효과도 가져올 수 있고, 더 나아가 잡셰어링JOB-Sharing을 통해 일자리를 창출하는 역할까지 해낼 수 있다. 그래서 지금이 바로 제대로 일할 때이며, 제대로 일하기 위해 쉴 때인 것이다.

〈백세인생〉이라는 노래가 한동안 유행이었다. "저 세상에서 날 데리러 오거든 못 간다고 전해라~"라는 재밌는 노랫말로 온갖 패러디에 이용되며 인기를 누렸지만, 죽음이라 할지라도 내 삶의 주인인 내 허락 없이는 정하지 못한다는 노랫말이 주는 의미가 제법 인상적이었다. 어떻게 죽을 것인지, 죽음에 대한 선택도 내가 고민하는 시대다. 하물며 1년의 계획, 하루의 시간도 내가 못 정한다면 어떻게 내 시간이 내 것이라고 할 수 있겠는가.

"당신의 시간은 안녕하십니까?"라는 물음에, 이제 누구나 그렇다고 자신 있게 답하는 대한민국의 내일을 그려본다.

06

소명의식을 지닌
인재가 필요하다

취업준비생들 사이에서 공직에 대한 선호가 매우 높다는 것은 내가 공무원이 되기 전에도 익히 알고 있던 사실이었다. 하지만 직면해보니 현실은 예상을 훨씬 뛰어넘었다. 취업준비생 63만 명 중 공무원 시험을 준비하는 사람은 22만 명으로 35%를 차지하고 공직박람회가 대성황을 이루며 각종 공무원 채용시험의 경쟁률은 수십 대 일에서 수백 대 일까지 이를 정도다. 그야말로 '공무원 열풍', '공시 열풍'이라 할 만했다.

공무원에 대한 인기가 이리도 높고, 줄지어 대기하는 '공무원 후보자'들도 이토록 많다는 사실에 기뻐해야 했을까? 오히려 내가 느낀 것은 막중한 책임감과 부담감이었다. 수많은 지원자들 중에서 진

2014년 공직박람회 모의시험장에서.

인사혁신처 주회 혁신콘서트장에서.

정으로 국가를 위해 헌신하고 국민을 위해 봉사할 참된 인재를 어떻게 뽑을 수 있을 것인가에 대해 심각히 고민되었기 때문이다. '왜 공무원이 되었는가?' 라는 물음에 50.9%가 '신분 보장과 안정된 경제생활'을 꼽았고, '봉사하는 업무'이기 때문이라는 항목의 응답률은 18.6%에 불과했다는 사실(한국행정연구원, 2013)은 이러한 나의 고민을 더욱 무겁게 만들었다. 공직박람회에서 만난 고교생들 역시 "안정적이잖아요", "오래할 수 있잖아요"라고 대답하는 것을 보며 걱정은 더해갔다.

신분이 보장되고 안정적인 경제생활을 누릴 수 있는 외적인 조건 때문에 공무원이 '되고자 하는' 사람이 아니라 나라와 국민을 위해 일하려고 공무원을 '하고자 하는' 사람을 뽑는 것이 필요했다. 공무원을 '하고자 하는' 사람은 국가에 헌신하고 국민에 봉사하겠다는 확고한 공직 가치와 공무원으로서 무엇을 하겠다는 뚜렷한 목표의식을 갖고 있다. 이러한 사람이 바로 국민들이 원하는 공무원이다. 우리 처 출범과 함께 실시한 설문조사에서 국민들이 공직사회 개혁을 위한 최우선 과제로 '청렴하고 존중받는 공무원상 확립(33.6%)'을 꼽았다는 사실은 의미하는 바가 크다. '공직 가치'라는 공무원으로서의 기본에 충실한 사람을 뽑으라는 뜻이다. 이러한 국민들의 기대에 부응해 위국보민爲國保民의 인재를 제대로 뽑기 위해서 채용혁신이 출발하게 되었다.

채용혁신의 첫 단계는 공무원을 뽑는 단계에서부터 공직 가치에 대한 평가를 엄중하고 체계적으로 강화하는 것이었다. 이를 위해 우선 5급 공채시험과 외교관후보자 선발시험 과목에 헌법 과목을 추가했다. 헌법 가치는 공무원 업무 수행의 가장 기초적인 준거가 될 뿐 아니라 궁극적으로 추구해야 할 가치이기 때문에 이를 시험 단계에서부터 평가하려는 것이다. 경력경쟁채용시험에 한국사능력검정시험 가점 부여 근거를 만든 것, 공직 가치 평가 중심으로 면접 방식을 대대적으로 개편한 것 모두 같은 맥락에서의 조치였다. 결국 국민에 대한 봉사자로서 공무원이 추구해야 할 가치는 봉사, 헌신, 위국보민의 정신에 있다는 것을 다시 한 번 확인하고자 했던 것이다. 시험만 잘 보면 들어오는 것이 아니라 고등학교, 대학교 시절부터 공직에 들어오려고 준비한 인재를 공무원으로 채용하겠다는 기반을 닦고, 직무별로 채용을 세분화하는 작업도 함께 해나갈 계획을 세웠다.

제4차 산업혁명이 이미 시작되었다고는 하지만 그러한 파고 속에서도 공무원에게 있어 제1의 가치가 '국민 전체에 대한 봉사자라는 자각'이라는 사실에는 변함이 없다. 미래의 대한민국, '22세기 위대한 대한민국GK 22: Great Korea 22nd Century'을 이끌어나갈 공무원은 무엇보다도 확고한 공직 가치를 갖춘 사람이어야 한다. 그래서 인사혁신의 출발점은 '채용의 혁신'이다. 올바른 사람을 잘 뽑아야 한다는 뜻이다. 인사人事가 만사萬事, 그중 채용採用이 만사萬事다. 북한이탈주민 출신 공무원과의 대화에서 왜 공무원이 되었냐는 물음에 "보람 있잖아요"라고 대답하던 젊은 공무원이 떠오른다. 새로 들어오는 공무원들은 모두 그런 대답을 했으면 좋겠다.

07

굴러온 돌과
박힌 돌

채용은 크게 두 가지 형태로 나눌 수 있다. 주로 사회 초년생의 입직 경로인 '신입채용'과 다른 분야에서 일했던 경력을 가진 사람들을 선발하는 '경력채용'이 그것이다. 신입채용이 충원의 주를 이루고 경력채용이 보완적으로 활용되는 것이 일반적이다.

이들에 대한 선호는 정부와 민간, 대부분의 조직에서 크게 다르지 않다. 인사 담당 부서든, 기존 조직원이든 이른바 '짬'을 먹고 '머리가 큰', 다루기가 버거운 경력직 직원보다는 군기(?)가 확 잡힌 신입 직원을 선호하는 것이 사실이다. 경력 직원들을 향한 내부의 시선은 폄하·과소평가 등 색안경이 씌워진 경우가 대부분이다. 혹시 내가 어디선가 '굴러온 돌'에 밀려나는 '박힌 돌'이 되지는 않을까 하는 우려가 들어서일지도 모른다.

이는 공무원 조직에서 특히 두드러지게 나타난다. 공무원 조직의 인사는 승진, 전보, 성과관리, 교육 등 인사 전반에 걸쳐 상당히 신입 채용(공채) 위주로 돌아간다. 경력직이라는 '굴러온 돌' 이 늘어나고 있지만 '박힌 돌' 들은 미동조차 없이 조직에서의 자기들 자리를 굳건히 지키고 있다. 과거 기업에서도 배타적이기는 마찬가지였다. 합동으로 쫓아내거나 왕따 시키기 일쑤였다. 하지만 그 숫자가 늘어나면서 왕따 '클럽' 이 되더니 어느새 CEO까지 외부에서 영입하는 비율이 상당해졌다. 순혈주의의 단점이 극복되고 다양성의 강점이 부각된 결과다.

사실 민간의 경력을 쌓은 우수한 인재가 경력직으로 들어와 가치를 창출하려면 이들에 대한 보호 조치와 따뜻한 시선이 필요하다. 단순히 채용 인원을 늘린다 해서 해결될 문제는 아니고 철저한 관리 management를 통해 해결해나가야 할 문제다. 조직과 조직 구성원이 이에 적응하는 데는 그만큼 시간이 걸리겠지만 강한 의지를 가지고 지속적으로 추진할 경우 조직은 결국 받아들일 수밖에 없다.

그리고 '굴러온 돌' 이 반드시 '박힌 돌' 을 빼내는 것만도 아니다. 오히려 굴러온 돌이 박힌 돌 주위의 흙을 튀기면서 땅을 다지고 긍정적인 변화를 가져올 수도 있다. 온 강물을 흐리는 '미꾸라지 한 마리' 가 아니라 긴장을 불어넣어 생존력을 높이는 존재, 다시 말해 개혁과 혁신의 단초가 될 수도 있는 것이다. 그 효과와 장점을 믿고 지속적으로 나아가다 보면 공직사회의 많은 부분에서 괄목할 만한 변화가 나타날 수도 있다. 혹여 '굴러온 돌'이 안착하지 못하고 다시 밑으로 굴러가게 된다 하더라도 그 '굴러온 돌'이 남긴 족적 자체가 변화와 혁신의 실마리가 되기도 한다.

전 세계적으로도 우리나라 고용의 유연성은 상당히 떨어지는 편이다. 4차 산업혁명에 대한 적응력 지표의 하나로 꼽는 '노동시장의 유연성' 면에서 우리나라는 139개국 중 83위에 그쳐 사회주의 국가인 중국(37위)에도 한참 미치지 못하는 것으로 나타났다(다보스 포럼, UBS). 반면 공직에의 민간 임용이 자율적인 미국은 4위, 싱가포르는 2위를 기록했다. 직위분류제를 기반으로 거의 100% 수준의 유연한 고용이 가능한 미국 수준에는 미치지 못하더라도 우리 공직도 이제 '개방되었다'라고 말할 수 있을 정도까지는 노력을 경주할 필요가 있지 않을까.

공직의 개방성을 높이기 위해 민간경력자 5급 일괄채용은 확대하고 7급은 신설했다. 민간만 지원할 수 있는 경력개방형 제도, 국민들이 정부 주요 직위에 직접 인재를 추천하는 국민추천제, 인사혁신처가 적합 직위에 적합 인물을 추천하는 헤드헌팅, 장관이 적임자를 바로 임용시키는 민간스카웃제 등 여러 가지 제도를 신설해 다양한 루트로 '돌이 굴러올 수 있게' 하고 조직의 신진대사를 활성화시키고 있다.

'모난 돌이 정 맞는다'는 격언도 이제는 바뀌어야 한다. 모난 돌을 정으로 쳐서 깎아낼 것이 아니라 모난 곳이 모나지 않은 부분과 조화를 이루도록 조율해주는 배려가 필요하다. 경력직 공무원들은 지금까지의 경험과는 상이한 환경과 문화에 적응하기 위해 가치관의 혼란을 겪을 수밖에 없다. 새로운 환경에 적응하느라 고심하는 그들에게 정작 보여줘야 할 것은 연장인 '정釘'이 아니라 기존 구성원들의 '정情'이 아닐까.

'굴러온 돌' 입장에서도 부단한 노력을 해야 한다. 신입 공채에 비해 부족한 네트워크와 정보력, 기존 질서에의 미숙함 같은 약점들을 빠르게 보완해가고 그 대신 경력직이 지닌 경험, 전문성 등의 장점을 십분 발휘할 수 있도록 끊임없이 실력을 갈고 닦아야 한다.

2016년에 '굴러온 돌'인 신임 5급 경력채용자 입교식에서는 다음과 같이 당부의 말을 전했다. 앞으로의 공직 생활을 설계하는 데 있어 도움이 되었으면 하는 취지에서였다.

- 여기에 왜 왔는가? 신분 보장 같은 조건 때문인가, 또는 국가 발전에 기여하고 싶어서인가?
- 여러분은 어떻게 자기개발하며 성장할 것이고 또 그 꿈은 무엇인가?
- 여러분은 국가 속에서, 역사 속에서 무엇으로 남을 것인가?

장관급 자리를 맡아도 좋으실 70세의 기상 분야 전문가께서 2015년 민간인재 스카웃 제도를 통해 기상청 국장급으로 임용되신 바 있다. 그 나이에 무슨 부귀영화를 보시겠다고 그 자리에 오겠다는 수락을 하셨겠는가. 국가에서 필요로 한다고 하니 소명의식을 갖고 발을 들여놓았다는 그분의 말씀을 '굴러온 돌'들은 물론이고 우리 공직자 모두가 한 번쯤은 되새겨봐야 하지 않을까 싶다.

다음으로 내가 거론하고자 하는 것은 바로 해외 인재 채용 문제다. 산업화 시대에서 지식기반사회로 그리고 지금은 인공지능으로 대표되는 4차 산업혁명 시대로 패러다임이 변화하고 있다. 이 사회적 변화는 국가 간 경쟁구도의 변화도 수반하고 있다. 그 경쟁의 요체에는 바로 사람의 경쟁이 숨어 있다. 지식기반사회에서 인재의 중요성은 두말할 나위가 없다.

이미 각국은 좋은 인재를 확보해 세계 경쟁에서 앞서 나가기 위한 노력을 경주하고 있다. 특히 급부상하고 있는 중국은 해외에 나가 있는 많은 인재들을 불러들이기 위해 2008년부터 '천인계획'과 '만인계획'을 순차적으로 도입해 해외 고급 인력 3만 명을 유치했고, 해외 유학생 35만 명이 귀국했다고 하니 치열한 인재 경쟁의 시대에 발빠르게 움직이고 있음을 알 수 있다.

대한민국의 현주소는 어떠한가. 일단 스포츠계에서는 해외로부터 인재를 영입하는 것이 낯설지 않다. 인상적인 경기력을 보여준 축구 국가대표팀의 슈틸리케 감독, 2002 월드컵의 히딩크 감독뿐만 아니라 프로야구, 농구, 배구에서도 우수한 외국인 선수를 영입하고 있다. 민간 기업이 훌륭한 해외 인재를 뽑아오는 것도 상당히 오래된 일이다. 일부 대학교가 유능한 외국인 교수를 채용해 학교를 성장시키는 경우도 어렵지 않게 볼 수 있다.

하지만 유독 이러한 흐름에 둔감한 집단이 있다. 바로 공직사회다. 공무원 집단은 왜 이러한 글로벌, 세계화, 개방화 흐름에 발맞춰

가지 못하고 있는가. 아직도 지나간 산업화 시대의 패러다임에 갇혀 지내고 있는 것은 아닌가. 공직사회도 국내만이 아니라 국외로도 시선을 돌려 인재를 찾는 노력을 해야 하지 않을까.

이미 한국 사회는 상당히 개방되어 있다. 재외동포 700만, 투표권을 지닌 재외국민 260만, 해외 유학생 30만 명이 넘는 시대다. 이제 해외에 산다는 것은 더 이상 특정 집단의 전유물이 아니다. 그런데 취임 후 다소 실망스러운 일도 있었다. 우리 정부가 해외에 있는 인재들에게 국가를 위해 기여할 수 있는 기회를 널리 알림으로써 돈만이 아닌 국가에 대한 헌신과 봉사로 보람을 느낄 재원을 찾아보겠다고 했는데, 이러한 일련의 노력을 시작하기도 전에 일부에서 '특권층의 신분 대물림'이라는 이유 등으로 찬물을 끼얹은 것이다. 글로벌 무한경쟁 시대에 마치 100년 전 쇄국정책을 보는 듯한 느낌, 이른바 인재의 쇄국주의라는 인상을 받았다.

해외 인재에게 특혜를 주는 양 이야기하고 있지만 공무원 채용의 원칙상 특혜를 줄 수도 없고 또 줘서도 안 된다. 어느 누구든지 공정한 채용 절차에 의해 채용된다는 것은 분명하다. 조국인 대한민국을 위해 일하는 것은 해외 인재들에게도 보장된 헌법상 권리일뿐더러, 내 제안은 해외 경험을 지닌 이들이 국가를 위해 일하도록 함으로써 공직사회의 글로벌 경쟁력을 높여나가자는 취지에서 나온 것이다. 그러한 시도를 시작부터 비판한 것은 다가오는 21세기 창조시대의 대한민국을 만들어가는 데 아무런 도움이 되지 않는 시대착오적인 발상이다. 물론 지적된 부분에 대해서는 정부가 앞으로 세심하게 살펴서 문제가 없도록 추진해야 한다.

빠르게 따라잡는 데 익숙했던 산업화 시대의 패스트팔로워에서 누구도 간 적이 없는 길을 개척해야 하는 퍼스트 무버First Mover의 시대로 접어들고 있다. 우리 정부는 이 점을 빨리 깨닫고 발 빠르게 대응해야 한다. 지금 우리는 과거와 현재를 밟고 서 있되 시선은 미래를 향해야 한다. 과연 누가 대한민국의 미래를 보고 있는가.

08

공무원 교육의
정상화 첫걸음

앞에서도 언급했듯이 공직에 들어와 가장 아쉬웠던 것이 원석 다이아몬드 인재를 더 가치 있는 장신구로서의 보석으로 키워주는 시스템이 부족하다는 점이었다. 공직에서의 교육은 시간이 남을 때 받는 그 무엇, 승진하기 위한 이수 시간을 채우는 수단 등으로 인식되는 듯했다. 그래서 일단 틀부터 손을 보기로 했다.

먼저, 기존의 교육 훈련이 일방적이고 수동적인 의미였다면 이제는 쌍방향, 능동적 의미를 지닌 인재 개발로 패러다임을 전환해야 한다는 문제 인식 아래 공무원 교육 훈련법을 '공무원 인재 개발법' 으로 개정했다. 직무기술이나 지식의 증진 단계에서 나아가 조직과 개인의 성장을 추구하도록 교육의 패러다임을 바꿔보자는 취지였다.

공직사회 혁신도 결국 공무원들 스스로가 변화해야겠다고 자각하는 것에서 출발하기 때문에 부단한 의식 개혁, 스스로의 자정 능력을 키워주는 교육 환경과 분위기를 구축하는 것이 중요하다 생각했다. 급변하는 미래에 대비하기 위해 공무원도 스스로 경력 개발 목표를 정하고 자기주도적인 학습을 통해 환경에 대응할 역량을 키워나가야 한다.

패러다임 전환과 더불어 법 개정의 핵심은 중앙공무원교육원을 67년 만에 국가공무원인재개발원(이하 국가인재원)으로 개편해 출범시킨 점이다. 2016년 1월 국무총리를 모시고 출범식을 치른 후 국가 인재 개발의 중추기관으로 본격적인 발걸음을 내디뎠다.

먼저, 위국보민 가치를 지닌 인재를 양성하기 위해 국가관·공직관·윤리관 등 공직 가치에 대한 주기적·반복적·역할별 교육을 강화하기로 했다. 이 역시 공무원이 되고 싶은 사람(직업인으로서의 공무원)이 아닌, 공무원을 하고 싶은 사람(소명의식을 지닌 공무원)을 배출하기 위함이다. 공직 가치를 전파·확산시킬 핵심 강사를 지속 양성해 각급 교육 훈련기관의 공직 가치 교육 확산을 지원하기로 했고 공직 가치 표준 교육프로그램과 교재를 개발하고 보급하는 역할을 확대해나가기로 했다.

그 연장선상에서 국가인재원에 인재 개발 R&D센터를 설치하고, 공무원 인적자원개발HRD 부문의 연구개발 및 교육평가 허브로서의 기능을 강화하기로 했다. 공무원의 인재상 정립, 교육프로그램 개발, 교육평가 체계를 확립하고 이를 확산시키는 역할을 수행하고, 국책

2016년 1월 '국가공무원인재개발원' 이 출범했다.

인사혁신처와 공무원 교육훈련기관 간 업무협약을 체결했다.

연구기관이나 민간교육기관 등과 협력관계를 구축해 각급 교육기관에 대한 인재 개발 컨설팅도 지원할 계획이다.

이와 함께 공무원교육기관 만형 노릇을 제대로 하기 위해 개방·공유·협업의 인재 개발 3.0, 이른바 올인원All-in-One 교육 시스템을 구축하기로 했다. 공무원이라면 전국 어느 공무원 교육기관에서나 그 기관의 명품 교육 과정을 이수할 수 있도록 교육 체계를 정비한 것이다. 우수강사 공유, 교육 시설의 상호 개방, 교육 과정 공유를 통해 저비용으로 고품질 교육을 이수할 수 있도록 협력 체계를 구축했다. 이러닝e-learning 교육 시스템도 통합 플랫폼을 구축해 콘텐츠를 공동 활용할 수 있도록 하고, 국내외 양질의 '온라인 공개강좌MOOC'를 활용할 수 있도록 협업해 자기주도 학습 인프라를 확충했다. 이제는 모든 것을 홀로 보유하고 사용하는 시대가 아니라 네트워크를 통해 서로 가진 자원을 공유하고 활용하는 것이 살 길이라는 생각이다.

비정상적인 공무원 교육의 관행을 좀 더 들여다보니 개선할 부분이 산적해 있었다. 이런 문제들이 눈에 띄었다. 생애주기별 라이프사이클을 반영한 체계적 교육 시스템이 마련되어 있지 않아 개인의 승진이나 보직 이동 시 적시성 있는 교육을 받고 있지 못하다. 업무와 무관한 힐링·소양·어학 위주 교육을 이수하려는 성향이 강하고 상위 직급일수록 공직 가치에 대한 교육이 부족하다. 교육 과정에 적합한 인재보다는 인사 운영의 방편으로 교육 대상자를 선발하고, 특히 장기 교육의 경우 곧 퇴직할 고령자를 파견하는 사례가 자주 발생한다. 승진 요건을 채우기 위해 사이버 교육으로 시간 떼우기 식의 이수가 횡행한다.

또한 교육 운영 근태 관리가 엄격하지 않고 교육을 통한 성과에 대해 평가 시스템이 미흡하다. 특히나 신임 교육은 가치 교육의 효과성이 낮고 교육 기강도 느슨해 교육 태도가 불량하며 낮은 학습 의욕을 가진 교육생에 대한 통제 장치가 제대로 작동하지 않는다. 조직·인사·예산상 쟁점(유동 정원, 결원 보충, 예산 삭감)이 될 때면 교육 분야가 우선순위에서 밀리는 경향이 강하고, 교육 담당자의 인사이동도 수시로 발생해 전문성이 떨어진다. 경력채용자 교육은 임용 시기가 통일되어 있지 않아 공직 입문 교육이 제때 실시되지 않는 경우가 더 많다.

이 밖에 문제를 나열하기 시작하면 더 있겠지만, 나는 이러한 일련의 현상을 보며 공무원 교육의 비정상적 관행을 정상화시켜야겠다고 생각했다. 반드시 해결해야 할 현안 과제라는 생각을 강하게 하게 되었다.

일단 신임 교육은 공직 가치를 확립하는 중요한 모멘텀이라는 생각에 합숙 교육을 통해 집중적으로 가치의 중요성을 일깨우도록 하고, 지도직원 제도mentoring를 도입해 모범적인 선배 공무원을 롤모델삼아 바람직한 공직자의 DNA를 물려받도록 했다. 한 번은 신임 사무관 교육에서 특강을 하면서 강연 2시간 내내 엎드려 잔 교육생이 있어 사정을 알아보라 했다가, 색출 논란이니 뭐니 해서 결국 한 종편 방송사에 출연해 교육의 실태에 대해 이야기했던 일도 있었다. 신임 사무관과의 간담회 때는 '기간基幹 요원' 이라는 말을 아는 교육생이 아무도 없어 당황했던 기억도 난다. 그래서 신임자 교육은 2016

년부터 기본을 튼튼하게 다지고 학사관리를 엄격하게 운영하는 방식으로 개선했다. 교육 성적도 임용과 연계시켜 보다 효과적인 교육이 되도록 기반을 마련했다.

재직자의 직급별 교육 체계도 정비하기로 했다. 신임 과장 과정, 신임 고위 공무원단 과정을 신설해 필수 이수하도록 교육 체계를 확립함으로써 리더십 역량을 높이고, 국장급 장기 교육의 경우도 오랜 행정 경험을 살릴 수 있도록 이들을 교수 요원으로 활용해 신규자 교육, 면접관, 정책 사례 연구 등을 수행하며 자기개발을 하도록 역할을 강화했다.

힐링·소양 교육보다는 조직의 성과 창출과 연계되는 목적형 교육을 강화해나가고자 했다. 그리고 소프트웨어 시대에 필요한 정보화 마인드 함양, 대민 접점에서 일하는 공무원 대상으로 서비스 마인드 향상, 고위 공무원단 성과 향상 프로그램 등 교육 목표를 뚜렷하게 세워 무언가 얻어올 수 있는 교육으로 탈바꿈하고자 했다. 또한 본인의 경력 경로를 고려해 조직의 목표와 전략에 부합하는 연간 자기개발 계획을 수립하도록 하고, 이에 대해 부서장이 코칭과 멘토링을 실시하도록 했으며 교육과 학습 실적을 인사에 반영토록 했다.

교육의 정상화는 특별한 것이 아니다. 기존에 문제가 있다는 것을 알면서도 그냥 놔두었던 것들을 고치면 된다. 해결 방안도 이미 찾아놓은 것들이 많다. 차마 여력이 없어 신경 쓰지 못했거나, 문제의 심각성을 공감하지 못해 진행하지 않았던 일들이 많다. 4차 산업혁명 시대가 온다고 해서 사람의 가치가 약화되는 것은 아니다. 오히려 강조될 것이다. 사람을 자원resource의 개념으로 보는 시대를 넘어 사람 자체를 목적으로 하는 개개인별 맞춤형 교육이 필요한 시점이고 개개인의 잠재력을 살려주는 교육을 통해 정부의 경쟁력, 나아가 대한민국의 경쟁력을 제고시킬 수 있을 것이다.

이러한 움직임들은 공무원 교육을 정상화하겠다는 노력에서 시작된 것으로 그 바탕이 될 '그릇'을 만드는 작업이다. 분명한 것은 다가오는 미래의 공무원은 조직에 속한 하나의 부속품으로서의 존재가 아니라 개개인의 인성, 가치와 창의성, 상상력이 중시되는 하나의 인간으로 존중받고 그 가치를 인정받게 될 것이라는 점이다. 그 유일한 길은 결국 교육과 인재 개발로부터 출발하며 인재 개발의 패러다임은 100만 공무원의 잠재력을 최대한 끌어내는 방향으로 전환되어야 함이 분명하다.

10년을 내다보며 나무를 심고, 100년을 내다보며 사람을 심는다 해서 예로부터 교육을 백년지대계百年之大計라고 일컬어왔다. 눈앞에 뚜렷한 실적이 드러나지 않더라도 인재 개발의 노력은 사라져버리는 비용이 아니라 미래를 위한 가장 확실한 투자임을 우리는 알고 있다. 콩나물 시루에 물을 주면 밑으로 흘러내리지만 어느새 콩나물은 자라 있는 것과 마찬가지다.

지금 우리는 100년의 미래를 위한 사람의 혁신을 추구한다. 우리 아이들이 살아갈 대한민국의 초석을 다지고 씨앗을 뿌린다. 그 결실은 우리 후세들의 몫이다. 지금 공무원 인재 개발은 그 중심에서 중요한 발걸음을 내디뎌야 할 때다.

—

09

인재의 전문성을 높여라

인재의 전문성을 높여라

이른바 고시 출신(현 5급 공채)들도 소수 부처를 제외하면 세월이 지날수록 민간에 가고 싶어도 불러주는 곳이 없다고들 하니 더 이상 이래선 안 되겠다는 생각이 들었다. 이제 100세 시대이고 퇴직 후에도 20년은 더 일해야 할 텐데, 그러려면 공무원 개개인이 자신의 가치를 더욱 높여놔야 하지 않겠는가. 뭐 하나라도 진득하게 해서 그 분야의 전문가가 되어 있다면 그것이 과연 남 좋은 일일까? 국민에게는 물론이거니와 공무원 자신에게도 득이 되는 일임은 분명해 보인다.

수없이 지겹게도 제기된 순환보직의 문제를 개선하기 위해 '전보 제한기간' 명칭부터 '필수보직기간'으로 바꿔서 준수 의무를 강조하고, 기간도 기존 2년에서 3년으로 강화함으로써 관행을 개선하고자 했다. 예상대로 반발이 심했다. 각 부처별 특수성을 고려해야 한다, 다양한 경험을 통한 폭넓은 시야를 갖출 필요가 있다는 등 공직 내외부에서 순환보직을 고수하려는 움직임이 여간 강한 것이 아니었다. 예측된 일이었다.

전문직위 지정도 확대하고 비율과 범위를 확대해갔다. 전문직위 지정 비율도 11% 내외에서 15%까지 확대하고, 인사나 홍보 등 공통 기능에 대한 지정도 허용하기로 했다. 본부 기준으로 관리하던 것도 소속 기관까지 지정 범위를 확대했다. 신규채용 후 일정 기간 동안 탐색 기간을 부여함으로써 오래 머물 자리를 살필 수 있도록 하고 전문직위군 내 경력 개발 경로를 지정해 관리하도록 했다. 운영상의 유연성과 실효성을 높이는 작업이었다.

장기적으로는 직무와 인재의 유형에 따라 이원화된, 즉 투 트랙 인사관리를 도입하기로 했다. 다양한 경험과 종합적 시각이 요구되는 경우 순환근무를 하되 필수보직기간 강화를 통해 업무의 연속성을 확보하고, 고도의 지식·경험이나 연구·기술이 필요한 경우에는 전문가가 자부심을 갖고 장기 근무할 수 있도록 새로운 인사관리 틀인 '전문직공무원' 제도를 마련하기로 한 것이다. 전문직위군을 중심으로 부처별 분야별 전문직 공무원을 양성하고, 나아가 부처 간 협업이 필요한 분야, 공통 분야를 중심으로 인사 교류를 통해 범정부적으로 인재를 활용할 계획이었다. 마치 군대에서 병과 중심으로 인사관리를 하듯 북핵 분야, 세제 분야, 인사 분야, 홍보 분야 등의 전문가들이 각 부처를 오가며 같은 성격의 업무를 계속해나간다는 그림이다.

　이러한 전문성 강화를 뒷받침하기 위해서는 정부 내 인사 분야의 전문성을 갖춘 인력을 확보하는 것이 급선무다. 이에 인사조직 직류를 신설해 2016년부터 선발하기로 했고 재직하고 있는 인사 담당자 등도 인사 조직 직류로 전환하는 한편, 인사 담당자 보직 기준 신설, 인사혁신과정 교육 등을 통해 인사 담당자의 전문성을 높이기 위한 노력을 병행해나가기로 했다.

　이러한 작업은 공직의 인사 업무가 한 번쯤 해봐야 하는, 그저 거쳐가는 자리로 인식되는 데에서 여러 문제가 발생한다는 인식에서 시작되었다. 각 부처의 인사 업무는 전문성과 책임감을 지닌, 장기적인 시각에서 미래를 설계하는 자들이 맡아야 한다. 기관장이 바뀌거나 정권이 바뀐다 해도 쉽게 바뀌는 자리가 아닌 '그 사람'이 아니면 할 수 없는 자리로 만들어야 한다는 생각이다. 사람을 귀하게 여기고 한 사람 한 사람의 가치를 높여주기 위한 인사관리 전략이 싹트기 시작할 때, 비로소 순환보직의 관행을 개선하고 공무원의 전문성을 높이게 되는 열매를 맺으리라 기대할 수 있다. 인사관리 체계의 전환이 절실하다.

10

평판인사
유감

"평판만으로 인재를 등용하면 나라가 어지러워집니다". 주周나라 공신인 태공망太公望이 집필한 병법서 《육도六韜》에 나오는 대목이다. 태공망은 그 사람의 실력을 검증해보지 않고 주위 사람들의 평판만 듣고 등용하게 되면 간신들이 높은 자리를 차지하게 되고 이들이 패거리를 이뤄서 활개를 치게 된다고 문왕文王에게 직언한다.

이로부터 무려 3000여 년이 지난 현 시점에서도 태공망의 충고는 유효하다. 놀랍게도 아직까지 정부 인사의 많은 부분이 실력보다는 평판에 의지하고 있기 때문이다. 인사혁신처장으로 취임하고 나서 각종 인사 발령이 있을 때마다 인사 부서에서 가져오는 인사기록카드를 접했을 때 적잖은 당혹스러움을 감출 수 없었다. 대상자가 어느 부서에 근무했는지만 빼곡하게 적혀 있고 과거에 어떤 일을 했는지, 또 어떤 평가를 받았는지에 대한 기록은 전무했다. 1년에 두 번 의무화되어 있는 성과평가를 하지 않았을 리는 없을 터, 이에 대한 기록 서식이 제대로 정비되어 있지 않았고 기록 자체도 전자적으로 누적되어 관리되지 않았던 것이다.

이러한 경우 인사권자는 인사 대상자에 대한 풍부한 정보를 얻지 못하므로 정확한 판단, 이를테면 대상자를 어느 부서에 배치할 것인가를 결정 내리기가 어려워진다. 인사는 인사 담당자 또는 인사권자의 지근거리에 있는 몇몇 사람의 평판에 좌지우지되기 쉽고 객관성이나 공정성과는 거리가 멀어진다. 서구 문화권에서는 상급자, 동료, 부하 직원이 대상자의 강점과 약점에 대해 균형 있게 종합적으로 서술해주는 '평판 체크reference check'가 유용하지만, 우리 사회에서는 온정주의 때문에 이런 방식이 작동하기 어려워 그동안 소수의 평판이 인사를 좌지우지해왔던 것이다.

최근 20년 가까이 인사관리 패러다임에 가장 큰 영향력을 미치고 있는 전략적 인적자원관리의 관점에서 보면, 평판에 의존한 인사 관행은 조직성과 창출을 견인하는 실질적 대상인 조직 구성원 개개인에게 큰 영향을 줄 것으로 예상된다. 인사 결과에 대한 조직 구성원의 수용도가 낮아져 조직 전체의 사기가 저하될 가능성이 높기 때문이다. 더 나아가, 이는 부정적인 조직 성과로 직결될 것이 명약관화하다.

그래서 그동안의 평판인사 관행을 청산하고 능력과 성과에 따른 인사관리 체계를 구축하기 위해 인사기록 서식을 대대적으로 정비하는 작업을 추진했다. 승진, 보직관리 등 각종 인사관리의 기본이 되는 성과평가 관련 정보를 인사기록 서식 내에 배치해 내실 있는 정보를 제공함으로써 실적, 데이터, 근거에 의한 합리적인 인사가 되도록 했다. 성과평가 결과 및 성과급 관련 정보를 한눈에 보기 쉽게 제공함은 물론, 피평가자의 근무 실적과 직무수행 능력을 분리해 서술함으로써 보다 입체화된 평가가 이뤄질 수 있게 되었다. 또한 직무와 관련성이 낮은 학벌이나 신체 사항과 관련된 정보는 없애고 주요 교육 훈련 성적을 기재해 역량 개발 성과를 인사관리와 연계시키는 등 성과주의를 강화했다. 이로써 현대 인사행정의 근간을 이루는 실적주의에 한 발짝 다가갈 수 있게 되었다.

구슬이 서말이라도 꿰어야 보배다. 이제 제도는 만들어졌고 성패는 활용하는 사람에게 달렸다. 각 기관에서는 그동안 누락된 성과기록 등의 각종 인사기록을 전자인사관리 시스템에 채워넣어 기록과 데이터에 근거한 인사가 하루빨리 시행되도록 추진해야 할 것이다. 이와 함께 모든 인사권자들은 본인이 그동안 주위 평판에 의존하기보다는 객관적이고 공평무사하게 인사를 해왔는지 되돌아볼 때다. 밀레니엄 시대가 밝은 지가 언제인데 주나라 시대보다는 선진적인 인사관리를 해야 하지 않겠는가.

11

세종대왕에게 배우는 인재경영

탁월한 리더 세종대왕의 업적 뒤에는 뛰어난 인재경영이 있었다. 세종은 신분, 당파를 초월해 능력 있는 인재를 적재적소에 발탁했고 당시 관리들의 평가 방법이었던 포폄법褒貶法을 활용해 신상필벌의 인사 체계를 확립했다. 평가 결과가 우수한 자에 승진 및 품계를 올려주는 인센티브를 부여하는 한편 일부 평가자의 공정하지 못한 평가 행태를 지적했다. 이러한 인사 시스템을 기틀로 세종은 정치, 국방, 과학기술, 문화 전반에 걸쳐 부강하고 융성한 나라를 만들 수 있었고 그 혜택은 백성에게 돌아갔다.

인사혁신 과제 하나하나가 다 중요하겠지만, 그중에서도 능력과 성과 중심의 인사관리 파트가 핵심이라 할 수 있다. 공직 외부뿐만이 아니라 공무원 내부에서조차 성과평가가 제대로 이뤄져야 인사혁신이 성공할 수 있을 것이라고 지적하는 경우가 많았다. 연공서열, 온정주의라는 지적을 받아온 공무원에 대한 '평가'가 제대로 되어야 승진, 보상 확대 등 인사관리의 타당성이 높아질 수 있기 때문이다. 그래서 잘되어 있는 제도는 운영을 내실화하고 보완이 필요한 제도는 고쳐가면서 한 발짝씩 움직여나갔다.

먼저, 고위 공무원부터 성과 책임을 강하게 묻기로 했다. 인사혁신처는 2015년 공직 내 성과와 능력을 중시하는 인사관리의 일환으로 고위 공무원 성과관리 강화 방안을 발표했다. 고위 공무원의 평가와 관리 체계를 개선하고 성과가 미흡한 고위 공무원에게는 자성 및 재충전의 기회를 부여하되, 개선되지 않으면 적격심사를 거쳐 공직에서 배제하는 방안까지 포함하고 있다.

사실 2006년 고위 공무원단 제도 도입 때부터 성과가 미흡한 고위 공무원은 적격심사를 통해 면직까지 시킬 수 있었지만 온정주의적 관행으로 인해 실제 면직에 이른 사례가 없었다. 정말 면직까지 갈 만한 사람이 없어서 그랬을 리는 없을 것이다. 그래서 성과평가 최하위 등급을 부여하는 가이드라인을 만들어주고 부처별로 자체 기준을 설정해서 최하위 등급을 부여토록 했다. 대규모 예산 낭비, 소극 행정과 업무 조정 능력 부족, 금품수수 및 향응 등 문제를 일으킨 고위 공무원에게 확실히 책임을 묻겠다는 메시지다.

한편으로 성과 미흡 평정을 받은 고위 공무원에게는 성과 향상 및 재기의 기회를 부여하기로 했다. 심리 진단, 1:1 상담 및 코칭을 통해 성과가 부진한 원인을 분석하고 부족한 역량을 보완할 수 있도록 분야별 교육을 제공하기로 했다. 교육평가 결과 역량이 향상되어 다시 업무 수행이 가능한 공무원은 복귀하지만, 여전히 미흡한 공무원은 적격심사 등을 통해 걸러내는 시스템도 작동시키기로 했다.

혹자는 공무원 업무의 특성상 공정하고 객관적인 평가나 보상이 어렵다고 하며, 공무원의 법적 신분 보장과 정치적 중립성을 저해할 것이라고 우려한다. 또한 공무원의 사기가 떨어져 있는 상황에서 공직사회를 더욱 불안정하게 만들 수 있다고 말한다.

그러나 객관적인 환경을 분석해보면 우리나라는 현재 고도성장기를 지나 선진국형 저성장 기조로 접어들었고, 최근 스위스 국제경영개발원IMD의 발표에서 보듯 정부 효율성과 투명성은 점차 국민의 기대 아래로 추락하고 있다. 임금피크제 도입, 저성과자 해고 등 노동 개혁이 적극 추진되는 상황에서 공무원 사회의 솔선수범을 요구하는 여론도 많다. 공무원 조직의 자성과 구조개혁이 절실한 시점인 것이다.

세종대왕 통치 시기에도 일부 관리들은 고하高下의 등급을 논하기 어렵고, 자주 경과를 확인하지 않으면 그 실상과 포폄이 어긋날 우려가 있다는 각종 폐단을 들어 포폄법을 폐지해 달라는 상소를 올리기도 했다. 세종은 '사람을 알기는 실로 어려운 일'이라면서 완벽하게 객관적인 평가가 어려움을 인정했다. 하지만 포폄을 할 때 적성이나 전문성에 맞는 업무를 담당하는지 고려하고, 평가자의 평가 결과와 근거 기록을 이조에서 최종 확인해 보고하게 하는 등의 끊임없는 노력으로 평가의 공정성과 수용성을 높이고자 했다.

실무직에도 성과평가 시스템을 강화하기로 했다. 현행의 순위와 서열 중심의 평가를 개선해 '평가등급제'를 도입하고, 승진 시 경력 점수 비중을 대폭 축소해 실적 경쟁을 강화하기로 했다. 성과가 탁월한 우수자에게는 특별 승진, 특별 승급 등의 인센티브를 아끼지 않을 계획이고, 특히 최상위 2%의 우수자에게는 특별성과급을 지급하기로 했다. 성과가 미흡한 자에 대해서는 역량 향상 프로그램을 통해 개선 기회를 부여하고 평가 결과에 따라 업무 복귀나 타 보직 배치 등의 조치를 하기로 했다.

한편 공무원의 평가와 맞물려 있는 것이 바로 보상이다. 무슨 일을 하든, 또 잘하든 못하든 별반 차이가 없던 경직적 보상 체계를 획기적으로 바꾸기로 했다. 일단 4급 과장급 이상 적용해온 성과연봉제를 2017년까지 중간관리자인 5급까지 확대하기로 했다. 성과연봉제를 통해 유능한 민간 전문가를 영입하는 기반을 마련할 뿐만 아니라, 고성과자에게 보상하고 성과 미흡자에게 보수를 차등하는 것이 가능해질 것이다. 우수자와 미흡자 간 차이도 확대하기로 했다. 또한 중요도 및 난이도가 높은 일을 맡은 담당자에게는 '중요직무급'을 지급해 부처별 국정과제나 핵심 업무 수행을 성공적으로 해낼 수 있도록 인센티브 체계를 강화했다.

그동안 운영해온 평가 관행을 개선하는 일은 사실 쉽지 않다. 연공서열에 의한 평가의 선례들을 학습해오며 본인의 차례를 기다리는 사람들이 많고, 관행이 유지될 것이라는 일종의 신뢰 비슷한 것이 형성되어 있어 바꾸기가 만만치 않다. 이유야 어찌됐든 이 같은 관행의 고리를 이제는 끊고 가야 한다는 생각이다. 가장 중요한 것은 역시 평가자다. 평가자에 대한 교육을 의무화하고, 성과면담 기록 관리를 더욱 강화해서 평가자들부터 의식 개선을 이룰 수 있도록 했다.

제도가 바뀐다고 해서 관행이 하루아침에 바뀔 리야 없다. 하지만 제도적 장치들을 하나씩 시행하고 모니터링하고, 실질적으로 정착이 될 수 있도록 지원함으로써 전 공무원이 이를 수용하고 신뢰할 수 있는 기반을 만들어가고자 했다. 제도가 효과를 보는 것은 결국 제도를 운영하는 사람과 대상이 되는 사람들이 그 제도를 받아들이고 신뢰할 때 가능한 것이기 때문이다.

국민들은 어떤 생각을 할까? 국민이 원하는 성과를 적극적으로 창출한 공무원을 우대하고 복지부동, 무사안일 공무원은 차등하길 바라지 않을까? 능력과 성과에 따라 보상해주는 문화가 정착되어야 공직의 생산성도 높아질 수 있다. 이미 일 잘하고 적극적인 공무원들로부터는 성과를 중시하는 인사혁신 방향에 대한 박수 소리가 들리기 시작했다.

12

공무원 노조의
사측은 국민이다

기업에서도 인사노무 업무를 줄곧 해왔기 때문에 공무원 노조에 대해서도 관심이 갔다. 더군다나 인사혁신처는 합법노조와 교섭하는 단체교섭의 주체이자 단체교섭과 관련한 교육·연구·지원, 노사협력 사업을 담당하고 있었기에 바람직한 노사관계, 미래를 대비한 노사관계는 어떻게 풀어가야 할지 고민이 되었다.

공무원 노조, 공무원 노사관계라는 용어를 들었을 때 처음 가진 의문은 과연 사측이 누구일까였다. 국가 원수이자 행정부 수반인 대통령인가? 단위노조가 속한 부처의 장관일까? 아니면 그 부처의 인사 담당 부서일까? 현행법상 개념은 그러할지 모르겠지만, 사용자가 과연 누구이냐에 대한 생각을 좀 달리 정리할 필요가 있어 보였다.

결국 공무원 조직은 국민의 위임을 받아 공무를 처리하는 조직이고, 공무원을 임용하는 주체도 국민이지 않은가? 국민 전체에 대한 봉사와 책임을 져야 하는 공무원의 주인이자 사용자는 국민이어야 하지 않은가라는 발상이었다.

공무원 노조 관련한 현황도 사용자가 국민이라는 입장에서 바라봤을 때, 다소 의아한 부분들이 눈에 보이기 시작했다. 공무원 노조는 노조 본연의 역할에 집중하기보다는 정치 세력화에 관심이 많아 보였다. 대국민 서비스의 질을 높인다거나 업무 생산성 향상을 위해 함께 고민한다기보다는 단기적 근로 조건 개선, 근속승진 확대 등 성과 창출과는 동떨어진 요구를 계속하곤 했다. 또한 민간노조 주도의 정치 파업이나 집회에 동참하거나, 정부인사 및 정권의 퇴진을 주장하는 등 공무원으로서 지켜야 할 헌법상 '정치적 중립 의무'와 공무원 관계법령상 '직무 전념·성실·복종의 의무'를 도외시하곤 했다.

정부의 처신도 문제가 있어 보였다. 합법노조와 법외노조가 혼재한 현실을 개선하려는 의지보다는 현상 유지에 무게를 더 두고 있었다. 일부 법외노조가 간판을 걸고 활동하는 것을 묵인할 뿐만 아니라 일부 불법행위에 대해서도 처벌하지 않고 있었다. 1인 시위가 합법이라고는 하지만 우리 집 앞에서 법외노조 간판을 내걸고 연금 개혁에 반대하는 1인 시위를 매일 아침 지속함에도 불구하고 그 현상은 3개월간 계속되었고, 인사혁신 방향을 발표한 후 5개월 동안에도 자택 앞 1인 시위는 계속되었다. 정부서울청사 근처에서는 법외노조뿐 아니라 합법노조 단체의 인신공격성 성명 발표와 피켓 시위가 이어지는 등 처벌이 마땅해 보이는 행태들이 계속되었지만, 관계 부처는 묵인하는 듯했고 그 속사정이 궁금할 수밖에 없었다. (인사혁신처는 불법행위 단속에 대한 권한이 존재하지 않았는데, 그 부분도 관계 부처 간 정리가 필요해 보였다.)

국민도 공무원 노조에 대한 이해와 인식이 미흡해 보였다. 노조와 국민 간 접점이 없다 보니 "안정적으로 신분이 보장되는 공무원이 무슨 노조 활동이냐" 또는 "중소기업은 공무원보다 근로 조건이 훨씬 열악하다"는 등 '갈등과 대립'과 같은 기존의 노조에 대한 부정적 이미지로 공무원 노조 활동을 인식하고 있었다. 노조, 정부, 국민이 마주하고 있는 현실이 어찌되었든, 분명한 것은 국민의 지지를 받지 못하는 공무원 노조는 설 땅을 잃을 것이라는 점이다. 그렇다면 국민이 바라는 노조 활동은 어떤 모습일까?

일단 공무원 노조는 법을 지키고 모든 활동을 법의 테두리 안에서 행해야 한다. 노조의 사용자는 정부가 아니라 국민이라는 인식을 가지고 교섭에 임하는 자세라든가 노조 활동의 범위와 형태 등 그 방향을 생각해야 할 것이다. 물론 국민의 눈높이에 맞지 않는 요구를 정부가 받아들이기 어렵다는 것이 당연하다는 점도 인식할 필요가 있다. 노조가 먼저 자기개발을 통해 공직의 경쟁력을 높이고, 선진적인 근무 문화를 선도하는 주체로서 모범을 보이겠다는 모습을 보여줄 때가 아닌가 싶다. 더불어 국민에게 먼저 다가가는 노력 그리고 국민과 공무원 노조가 서로를 알아가는 노력도 분명 필요할 것이다.

공무원노동조합총연맹(공노총) 사무실을 방문해 서로를 이해하는 시간을 가졌다.

정부도 법과 원칙에 근거해 합리적인 노사관행을 정립해야 한다. 노조와의 소통과 협력을 통해 이해의 폭을 넓히고 신뢰를 쌓아야 할 것이다. 벽을 쌓는 것보다 서로 소통하는 것이 좋은 결과를 낼 수 있다는 것을 기업에서의 노무 업무 경험을 통해 체득했다. 취임 후 먼저 노조 사무실에 찾아가고 노조 대표들과 해장국, 설렁탕을 먹으며 소통하려 했던 것도 같은 맥락이었다. 근무 조건, 인사 정책 등을 확정하기 전에 노조 의견을 수렴하는 공식 채널도 마련했고, 노사 문제를 성공적으로 해결한 선도 기업을 찾아가 배우는 프로그램도 확대하고자 했다. 인사혁신처와 공무원 노조가 함께하는 재능기부 봉사활동, 일손 돕기 등의 사회공헌 활동도 추진하고 있다.

미래 세대를 위한 21세기형 공무원 노조와 국민의 관계는 무엇일까? 결국 공무원 노조와 정부 모두 그 구성원은 공무원이다. 그리고 공무원을 임용하는 주체는 국민이다. 이 점만 잊지 않고 기억한다면 노조가 정부를 상대로 근로 조건 요구를 할 때든, 정부가 노조의 요구 사항 검토를 하거나 소통할 때든 그 방향성과 답은 한 곳으로 통할 것이다. 이제 정부와 공무원 노조는 서로 '제 몫 찾기'를 위한 대립과 투쟁을 하는 것이 아니라 '제 역할 다하기'를 통해 국민에게 봉사하고 생산성 높은 정부, 자긍심을 갖고 국민에게 신뢰받는 공무원을 만들어가야 한다고 본다.

13

—

고령화 사회에 대비한
인사관리법

이른바 100세 시대다. 공무원의 정년은 60세다. 즉 퇴직 후에도 40년을 더 사는 세상이다. 공무원들이 길게는 40년 가까이 공직에 몸담으며 쌓은 경험과 전문성은 사실 무시하기 어려운 국가의 인적자원이자 자산이라 할 수 있는데, 이제는 이러한 자산이 다양한 분야에서 활용될 수 있도록 국가적 차원에서 고민해야 할 시기다.

반면 세월호 참사를 계기로 '관피아' 문제가 표면 위로 더욱 부각되었고, 공직자윤리법이 강화되는 방향으로 개정되며 민관유착의 고리를 끊겠다는 노력이 다양하게 시행되었다. 취업 제한 기간이 2년에서 3년으로 늘어났고, 취업 제한 대상 기관이 국민의 안전·생명과 직결된 분야의 공직유관단체 등으로 크게 확대되었으며, 고위 공직자 업무 관련성 판단 기준도 소속 부서에서 소속 기관으로 확대되고 취업이력공시제도 도입되었다. 공무원의 전문성을 퇴직 후 발휘하게 하는 환경과는 사뭇 다른 흐름이긴 하다.

강화된 법률에 따라 엄격히 운영한 결과를 법 시행 1년이 지나 분석해보니, 취업 심사 대상 기관 수가 3배 넘게 늘었고(2014년 3,960개 → 2016년 14,214개), 취업 제한율은 20%를 상회했으며, 취업 제한 판정을 받은 사람도 2배 넘게 늘었다(2014년 51명 → 2015년 112명). 수치적으로도 상당한 성과가 있었다고 볼 수 있는데, 그럼에도 불구하고 공무원 퇴직 후의 삶을 앞으로 어떻게 지원해나갈지 그 방향에 대해서는 여전히 논의의 여지가 있는 듯하다.

취업심사의 목적은 공직에서 취득한 정보, 경험, 네트워크 등을 사적인 이익 추구에 활용하는 민관유착을 방지하는 데에 있다. 그렇다면 그러한 목표를 충실히 달성하면서도 공직자의 전문성을 살릴 수 있는 방향이 무엇인지에 대한 고민이 더 필요해 보인다. 제도상으로는 퇴직공직자의 전문성이 사장되는 것을 방지하기 위해 원 소속 기관과의 유착 가능성이 낮은 분야에는 재취업을 허용하고 있다. 하지만 취업심사를 강화하는 현재 흐름으로 인해 양적인 측면의 성장을 가져온 반면, 선택과 집중에는 미흡한 측면을 보인 것도 사실이다. 전문성이 보다 중시되어야 하는 분야, 하위직급 대상 중 특별히 심사가 필요하지 않는 분야 등 경중에 따라 심사의 선택과 집중 필요성을 세심히 살펴볼 필요가 있어 보인다.

각 부처 장관님들로부터도 취업심사와 관련해 여러 번 전화받은 일이 있었다. 해당되는 퇴직공무원의 재취업이 전문성을 살리는 일이며 유착의 가능성이 없다는 취지의 설명이 대부분이었는데 십분 공감되는 경우가 많았다. 물론 공직자윤리위원회에서 결정하는 문제라 생각과는 다른 결과로 나타나기도 했지만 각 부처의 입장에 대해 진지하게 다시 생각해보는 계기가 되었다.

사실 로비스트의 역할을 하는 관피아가 문제지 전문성을 갖춘 퇴직공무원이라면 오히려 몸값을 높여서 민간으로 나가는 것이 바람직한 방향이 아닌가 싶기도 하다. 행위 제한 제도 등의 통제 장치들을 통해 사전에 문제 소지를 차단하고, 문제 발생 시 엄중 처벌하는 방식이 좋지 않을까 하는 생각이다. 물론 세월호 참사의 충격이 워낙 컸기 때문에 지금과 같은 강력한 취업 제한 제도를 통해 뿌리 깊은 관행을 개선할 필요성은 분명히 있다. 다만, 앞으로의 방향에 대해서 한 번쯤 생각해볼 필요도 있다는 말이다.

관피아 문제가 세간의 뜨거운 관심을 받았던 데에 반해 대다수 일반적인 공무원의 퇴직 지원에 대해서는 다소 홀대하는 경향이 있는 것도 사실이다. 제대군인지원법이 있고 민간의 세컨드 라이프 지원도 관심이 높아지고 있지만, 일반 공무원에 대해서는 퇴직을 지원하는 기능이 약하고 논의의 대상에 잘 거론되지도 못하고 있다. 관피아 논란 대상보다 훨씬 많은 수의 공무원이 있는 만큼 이들이 퇴직 후 인생을 체계적으로 준비하도록 지원해서 그동안 쌓아온 능력을 발휘하게 해줘야 하지 않을까. 이들의 역량이 사장되는 것은 결국 국가적인 손실이 아니겠는가.

그래서 고령화 사회에 대비한 인사관리의 일환으로 퇴직공무원의 전문성을 활용할 총괄적인 접근이 필요해 보인다. 필요하다면 법적인 기반을 마련하고, '퇴직공무원 지원센터(가칭)' 같은 총괄 추진 체계를 정비하는 작업이 필요한 때가 아닌가 싶다. 퇴직을 앞둔 공무원들에게 전직을 지원하는 교육이나 컨설팅을 시켜준다든지, 퇴직인력뱅크를 구축해 취업 매칭을 지원해준다든지 하는 다양한 방식으로 퇴직공무원의 전문성을 국가적으로 활용할 수 있다. 그들은 정책연구원이나 각 전문 분야별 강사 요원으로 활동할 수도 있고, 사회적 기업이나 해외 개도국에 진출해 그동안 쌓은 발전의 경험과 노하우를 전수해줄 수도 있을 것이다.

100세 시대는 곧 70세 청년시대를 의미한다. 경로당에 가면 70세는 청년이다. 2016년 기준으로 봤을 때, 1940년에서 1950년 사이 출생한 사람들이 그들이다. 이들은 산업화와 민주화를 동시에 겪었고 격동의 대한민국과 함께 성장하며 살아온 세대다. 영화 〈국제시장〉의 주인공 '덕수'를 보며 눈물을 훔치는 끼인 세대의 '아재'들이다. '꼰대'니, '아재'니 하는 표현으로 이 세대를 폄하하는 목소리도 있지만 많은 장점을 가진 세대다. 굉장히 노력해왔고 근성과 끈기가 있다. 몸은 젊지만 얼떨결에 밀려난, 준비가 안 된 은퇴를 경험한 이들이 많다.

이들 고령자들에게도, 아니 70세 청년들에게도 재취업은 필요하다. 우리 사회의 고령화 흐름으로 봤을 때 정년이 분명 연장될 것이라 생각하지만, 그 전에라도 이들에게 봉사 기회를 부여하는 차원에서 새로운 영역에 도전할 수 있는 장을 마련해줘야 한다. 이들이 사회에 기여할 영역이 분명히 있다. 이 세대에 속한 당사자들도 재도전, 재취업의 의지를 다졌으면 한다. 사실 나도 고령자 재취업 케이스다. 여러 직업 중에 특히 공직은 경륜과 뜻이 있는, 초연함에 익숙해지고 철이 든 이 세대가 도전해볼 만한 직종이다. 국가에 봉사도 할 겸 이들에게 일할 기회가 주어진다면 그들은 분명 도전하고 싶어 할 것이다.

할 일은 많고 필요로 하는 곳도 많다. 공직자들도 자신이 퇴직한 후 무슨 일을 할 수 있을까 생각하기 시작해야 한다. 무엇 하나라도 남보다 잘하는 일이 있어야 나가서 할 일이 있지 않겠는가. 그런 생각이 들기 시작한다면, 그동안 전문성을 쌓기 어렵게 했던 순환보직의 문제나 등한시해왔던 자기개발의 필요성에 대해서도 느끼는 바가 달라질 것이다. 결국 전문가가 되어야 제2의 인생을 개척할 수 있기 때문이다.

우리 사회의 고령화는 지속적으로 심화되고 있다. 일할 의욕이 있는 퇴직공무원들, 국가에 기여할 힘과 의지가 아직도 많이 남아 있는 이들을 그저 놀려서야 되겠는가. 충분히 준비시켜주고 다양한 분야에서 활약할 수 있게 기회를 열어줘야 하지 않을까. 그래서 개인적으로도 자긍심을 느끼며 행복해하고, 국가의 인적 활용도 효과적으로 해나가는 것이 좋지 않을까. 더구나 공무원은 몇 십 년간 국가가 많은 돈을 들여 키워온 국가의 인재들이 아니던가. 아깝다는 생각이 먼저 들어야 한다.

3장

500일의 혁신을
돌아보며

01

공무원연금
개혁의 시간

인사혁신처장으로 취임한 후, 당면 현안은 단연 공무원연금 개혁 이슈였다. 공무원연금 개혁은 이미 국가적 어젠다로 부상해 4대 공공개혁 중 가장 우선적으로 처리해야 할 과제로 인식되고 있었다.

제도가 도입된 1960년 당시 평균수명은 52세였던 반면, 2013년 평균수명은 82세로 증가했고, 공무원연금 부양률(수급자 수/재직자 수) 역시 1982년 0.6%에서 2014년 36.6%로 급증해 고령화가 급격히 진행되었다. 공무원들이 납부하는 연금기여금만으로는 퇴직공무원연금을 충당하기 어려워 국가보전금으로 부족분을 채운 지 오래다. 그리고 그 보전금 규모는 기하급수적으로 증가하고 있다(2001년 599억에서 2015년 29,133억으로 13년간 41배 증가). 국가의 재정 부담은 가중되었고, 국민연금과의 형평성 논란도 지속 제기되고 있었다. 국내 언론지상에서는 연일 공무원연금 이슈를 보도하고 있었고, 취임 이후부터 연금 개혁 개정 법안이 국회를 통과할 때까지 주말, 밤낮 없는 일정이 계속되었다.

의견 수렴

인사혁신처장은 공무원 인사를 총괄하는 주무부처 수장이었기에 공무원의 입장을 고려하지 않을 수 없었다. 다양한 직종별 공무원부터 만나기 시작해 여러 공무원노조단체, 연금 수급자들을 직접 만나 이야기를 들었다. 공무원연금에 대한 지식이 부족했기에 내부 연금 담당 부서와 보고, 회의, 토론을 통해 학습하고 주말 아침마다 민간의 연금 전문가들과 브런치를 함께하며 의견을 듣고 스터디했다.

공무원들은 공직의 특수성, 공무원연금의 국민연금과 다른 특성에 대해 이야기했고, 전문가들은 국민연금과의 형평성, 국가 재정 부담에 대해 이야기했다. 바라보는 곳이 다른 두 집단은 좀처럼 간극이 좁혀질 것 같지 않아 보였다. 하지만 이미 국가의 재정 부담 규모는 상상을 초월할 정도로 급증하고 있었고, 지금 개혁하지 않았을 때 기하급수적으로 늘어날 부담은 결국 우리 후세들에게 돌아가는 것임을 모두가 인지하고 있었기 때문에 정도의 차이가 있을지언정 공무원연금제도를 손봐야 한다는 데에는 공감대가 형성되어 있었다. 시 · 도 부단체장 회의, 시 · 도부교육감 회의 등에 참석해 직접 설명했고, 실무진에서도 공무원 대상의 설명회를 지속해나감으로써 공직사회 전체적으로 공감대를 확산시켜나갔다.

내부 조율

동시에 정부 내부적으로도 개혁안을 가다듬어나갔다. 주 3회 이상 관계 기관 회의를 지속했고 정부와 여당 간에도 주기적인 회의를 통해 서로의 입장을 조율했다. 2009년 연금 개혁 때와는 달리 국회 주도하에 추진되고 있었지만 제도 소관 부처로서 전문적 의견과 데이터를 적극적으로 제시했다.

부처 내에서의 치열한 토론과 대응 방안 모색, 외부와의 조율 등 모든 과정이 쉽지 않았지만 여야가 합의 처리하기로 한 5월 내에 개혁을 완수하겠다는 의지를 갖고 모두 함께 열정을 쏟아부었다.

설명과 협조

공무원연금 개혁이 국가 이슈가 되다 보니 방송사, 신문사로부터의 출연 요청 및 인터뷰 요청이 줄을 이었다. 지상파의 뉴스 프로그램뿐만 아니라 토크쇼 형식의 시사 프로그램, 종편사 뉴스에도 여러 차례 출연해 연금 개혁의 내용과 필요성에 대해 설파했다. 아침 출근길의 라디오 방송의 요청도 마다하지 않고 응했고 다수의 신문사 인터뷰를 통해 연금 개혁에 대한 공감대 형성을 위해 노력했다. 언론사들의 보도 기류는 대체적으로 연금 개혁에 우호적이었다. 국민의 입장에서 본 공무원연금 개혁은 비판의 여지가 많지 않은 바람직한 이슈이기 때문이다.

한편 국민 여론과 함께 신경 써야 할 부분은 결국 법을 통과시킬 권한을 갖고 있는 국회였다. 공무원연금 개혁특별위원회(이하 연금특위) 위원장과 여야 동수로 구성된 위원들을 직접 찾아 개혁안에 대해 설명하고 협조를 구했다. 회의장에서는 그렇게 몰아붙이던 의원들이 개인적으로 만나니 참으로 따뜻하게 경청해주는 말이 잘 통하는 사람들이었다. 여야 할 것 없이 밀도 있는 대화를 무사히 마치고 나니 연금 개혁이 잘 진행될 수 있겠다는 긍정적인 생각이 들기 시작했다. 여당 대표, 여야의 원내대표 등 총괄적 차원에서 논의를 조율하는 관계자들과도 여러 차례 만나 의견을 나눴다.

반발과 대응

예상은 했지만 공무원 사회의 반발은 만만치 않았다. 일부 공무원 노조에서는 몇 달 내내 출근시간 때마다 우리 집 앞에서 1인 시위를 펼쳤고 불시에 집무실로 항의 방문을 하기도 했다. 주말에는 시청 앞, 서울역 광장 등에서 대규모 집회를 열어 연금 개혁을 반대하는 시위를 진행하고 찬반투표도 시행하는 등 반발의 움직임을 확대해나갔다.

일부 언론에서도 공무원의 입장을 옹호하면서, 세종시 이전·연금 개혁 등으로 공무원들의 사기가 바닥에 떨어졌다며 이들의 사기를 진작시키는 과제가 국가적 차원에서 고려되어야 한다고 보도하기도 했다. 여러 반발 움직임에 대해서는 인사혁신처가 주무부처로서 모든 비판과 책임을 안고 가야 했지만 의사결정 권한이 전적으로 주어진 것이 아니다 보니 이따금 다소 답답한 마음이 들기도 했다.

타협안 도출

타협안 도출을 위해 국회, 전문가, 시민단체, 정부위원으로 구성된 공무원연금 개혁 국민대타협기구(이하 대타협기구)가 2015년 1월 초 출범했고, 90일간 활동을 통해 연금특위에 개혁안을 제시했다. 국회 내 2개의 논의기구인 연금특위와 대타협기구는 공식적으로 60회, 비공식적으로 90여 회 회의를 거쳐 합의안을 도출했다.

이 과정에 있었던 몇 가지 에피소드도 잊을 수 없다. 대타협기구 전체회의에서 정부기초안을 제시했었는데 노조와 야당이 반발하며 홍역을 치렀다. 정부안은 왜 없냐며 계속적인 요구를 해와 기초적인 검토안을 이야기했던 것인데, 야당과 노조 측에서 협의 없이 발표했다며 반발한 것이다. 공식적인 정부안이 아니라는 점을 설명하고 유감을 표명하는 선에서 마무리되었다.

개혁안별 재정추계 결과를 보도자료로 발표했던 순간도 생생하다. 사전에 야당과 조율을 거치지 않았다, 대타협 정신이 없는 것 아니냐, 야당이 갖고 있던 복안을 전문가 의견으로 둔갑시켜 먼저 공개한 것 아니냐는 등 세세한 전략 싸움으로 잡음이 일기도 했다. 공무원연금 지급률[1]과 기여율[2], 단계적 조정 방안 수치[3]를 놓고서도 치

---

1 매년 근무에 따라 추가로 지급할 연금액을 평균기준소득월액의 비율로 표시한 값. 쉽게 말해 공무원이 받을 돈. 공무원연금 지급률은 2015년 이전 1.9%에서 2016년 이후 점진적으로 인하되어 2035년 이후 1.7%가 적용됨.

2 각종 급여에 소요되는 비용으로 공무원 개인이 부담하는 금액(=기여금)을 기준소득월액의 비율로 표시한 값. 쉽게 말해 공무원이 내는 돈. (2016년 기여율은 기준소득월액의 8%이며 향후 2020년까지 단계적으로 9%로 인상됨.)

3 지급률을 재직 기간 1년당 1.9%에서 1.7%로 20년간 단계적으로 인하하는 데 있어서, 20년간 동일하게 인하하는 것이 아니라 초기 10년간 전체 인하분(0.2%p)의 80%를 집중함.

공무원연급 개혁 차관회의장에서.

연금특위 전체회의장에서.

열한 싸움이 계속되었다. 각기 협상력을 높이기 위한 움직임이 끊이지 않고 지속되었다.

2015년 5월 2일 토요일. 오후 내내 논쟁은 계속되었고 저녁 8시 40분경 드디어 공무원연금법 개정안이 연금특위를 통과했다. 기쁜 마음에 홍대 앞 레스토랑에 모여 관계 위원들과 뒤풀이를 했다. 축배를 너무 일찍 들었던 것일까. 약속했던 5월 6일 본회의 통과를 위해 하루 종일 법사위 대기를 했지만 결국 의결은 무산되었다. 국민연금 소득대체율 조항이 문제가 된 것인데, 공무원연금 개혁 완수를 바라는 입장에서는 개탄스러운 일이었다.

다행히 합의를 존중해 여야 간에 재논의한 끝에 5월 임시국회가 다시 열렸다. 그리고 5월 28일에야 진행되어 계속된 논쟁으로 새벽 2시 반경 열린 법사위에서는 29일 새벽 3시경 공무원연금법 개정안을 의결했고, 이어 3시 50분경 본회의에서 법안을 의결함으로써 연금 개혁 대장정에 마침표를 찍었다.

평가

재정 측면에서 국민 부담인 보전금을 향후 30년간 185조 원, 향후 70년간 497조 원을 절감해 종전 제도에 비해 40% 이상 절감했고, 이는 2009년 개혁에 비해 향후 30년간 보전금 절감 폭이 3배 이상에 달하는 고강도 재정 안정화 조치였다. 형평성 측면에서도 국민연금과의 형평성을 달성했고 소득재분배 도입, 수급자 5년간 연금 동결 등을 통해 공직 내의 격차도 완화하고 고통을 분담했다.

이번 개혁의 성과에 대해서는 당시 찬반 입장에 따라 다양한 논평을 내놓기도 했지만 시간이 지나며 성공적인 개혁으로 인정받고 있다. 유럽 사회복지정책연구소장, 오스트리아 총리실 연금국장, OECD 연금 전문가 교수, 일본 노무라경제연구소 수석고문 등 해외 연금 전문가들은 '유럽에서는 상상하기 어려운 개혁', '유례가 드문 용기 있는 선택', '대성공Great Success', '재정 안정화와 형평성 제고를 위한 과감한 조치'라는 표현으로 높이 평가했다. 국내 전문가들도 '이해 당사자 간 상호 양보와 고통 분담을 통해 국민적 합의를 이끌어낸 모범 사례'라는 등 갈등을 최소화하면서도 큰 성과를 창출한 성공 사례로 평가했다.

쉽게 말하자면, 사회적 대타협을 통해 국민과 미래 세대의 부담을 경감하고 국민연금과의 형평성을 제고했다는 점, 즉 민주주의, 재정, 형평성을 모두 충족했다는 측면에서 이번 개혁이 성공적이라는 평가를 받은 것이다.

소회

결과적으로 잘된 개혁이라는 평가를 받았지만 개혁 과정을 거치며 몇 가지 생각들이 남기도 했다. 공무원연금 개혁은 행정의 차원에서 시작되었지만 마지막에는 정치의 영역으로 접어들었다. 정치 쟁점화가 되다 보니 해결이 여간 어려운 것이 아니었다. 여야 간 대립뿐만 아니라 노조, 수급자, 학자, 시민단체 등 쟁점이 여러 곳에서 형성되었고 같은 집단 내에서도 모두 다른 생각들을 하게 되어 합의 도출

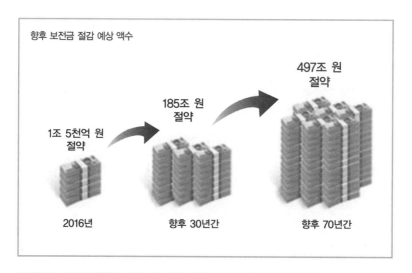

향후 보전금 절감 예상 액수

1조 5천억 원
절약

2016년

185조 원
절약

향후 30년간

497조 원
절약

향후 70년간

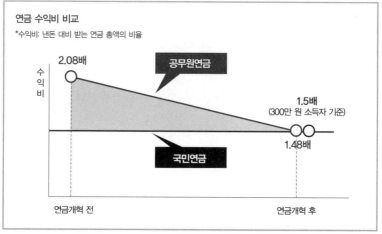

연금 수익비 비교

*수익비: 낸돈 대비 받는 연금 총액의 비율

수익비

2.08배

공무원연금

1.5배
(300만 원 소득자 기준)

1.48배

국민연금

연금개혁 전

연금개혁 후

이 힘들었다. 견제와 갈등의 구도로 접어들면서 일부는 훼방을 놓기도 했고 시간 끌기 작전도 나타났다. 민주주의라는 정치 체제가 합의를 끌어내기 참으로 어려운 체제라는 사실을 다시 한 번 절감했고, 반면에 합의만 된다면 모두가 수용할 수 있는 안정적 대안을 반영할 수 있는 체제라는 것도 확인했다.

개혁은 늘 어렵다. 개혁해야 한다는 쪽은 늘 불리하다. 현상을 유지하자는 쪽은 잘 움직이지 않는다. 바꿔야 한다는 개혁의 입장에서는 협상장을 박차고 나갈 만한 배포와 협상 전략이 존재하기 어려웠다. 개혁을 해야만 했기에 불가피하게 반대 측 제시안을 받아들이기도 했고 아쉬움이 남는 부분이 많았다. 하지만 그 덕분에 공무원과 국민 양쪽의 욕구를 충족시킬 수 있었던 것은 아닐까라는 생각도 든다.

쉽게 경험해보기 어려운 시간이었다. 직면한 상황마다 제한적 합리성을 추구하면서 나름대로 최적의 안이라 생각하고 조치했지만 지나고 난 후 아쉬움이 남는 것은 어쩔 수 없는 것 같다. 그럼에도 불구하고 국가적인 어젠다였던 과제를 완수했기에 뿌듯하고 보람 있었던 시간이었다.

연금 개혁 과정에서 함께 머리를 맞대며 치열하게 싸우기도, 뜻을 모으기도 했던 연금특위 주호영 위원장, 여당의 조원진 간사, 야당의 강기정 간사를 비롯한 양당의 연금특위위원들, 국민대타협기구의 구성원들, 인사혁신처의 연금팀, 국가의 미래를 위해 고통을 분담해준 재직공무원과 퇴직공무원들 모두에게 지면을 빌려 감사와 경의의 뜻을 표한다.

02

한중일 인사행정 네트워크의 재출발

2015년 8월의 마지막 날, 더위가 아직 가시지 않은 늦여름에 한중일 공직인사 수장들이 서울에 모였다. 한중일 인사장관회의는 2002년 당시 한국의 중앙인사위원회가 중국과 일본에 '3국 간 인사행정 분야 네트워크 구축'을 제안해 성사된 결실이었는데, 2005년 첫 번째 회의를 개최한 후 2015년에 10주년을 맞았다. 각국의 사정으로 그동안 5년간 중단되었으나 3국이 공유하고 있는 '사람이 근본'이라는 인본주의 사상을 바탕으로 미래에 대비하고 공동 번영을 도모하기 위해서는 네트워크를 재가동해야 한다는 데에 뜻을 모아 다시 시작하게 되었고 그만큼 소중한 시간이었다.

어렵게 마련한 자리인 만큼 중국 인력자원사회보장부 신창싱 부부장, 일본 인사원 이치미야 나호미 총재를 맞이하는 것에 신경이 계속 쓰였고, 담당 국·과장과 수시로 의논하며 행사를 의미 있게 만들기 위해 빈틈없이 준비했다. 길지 않은 시간이지만 우리나라와 인사혁신처에 대해 제대로 알리고 싶었고, 지금 우리가 하고 있는 고민을 이웃국가 인사장관들은 어떻게 생각하는지 진솔한 대화도 나누고 싶었다.

첫 만남은 양자회담이었는데 먼저 이치미야 나호미 일본 인사원 총재와의 양자회담에서는 바람직한 공무원 상像에 대해 논할 수 있는 기회가 있었다. 동일본 대지진 복구 과정에서 국가 재건 및 국민들을 위해 공무원이 보여준 희생 정신이 화제가 되어 시작한 얘기였는데, 그 큰 재난을 겪고도 일본이 다시 일어설 수 있었던 가장 큰 원동력을 사람에서 찾았다. 그리고 그 중심에는 공무원이 어떻게 일했는지가 매우 중요했다는 점에 이치미야 총재와 서로 공감대를 형성했다. 한편 고령화 사회를 먼저 경험한 일본으로부터 인사 제도의 변화 방향에 대해 배워야겠다는 생각도 들었다.

중국의 신창싱 부부장과의 양자회담에서는 공무원 인사관리에 대해 논했다. 개인적으로 중국을 처음 가본 것은 기업에서 근무하던 1990년이었는데, 그 후 25년간 지켜본 중국의 급속한 발전은 가히 경이적인 것이었기에, 이토록 짧은 기간에 어떻게 넓은 대륙의 공무원을 효율적으로 움직이고 성과를 낼 수 있었는지 궁금했다. 신창싱 부부장은 공무원 중에서도 관리 계층이 특수한 역할을 하고 있다면서, 시진핑 주석도 고위 공무원을 '핵심 소수 인력'이라고 칭할 정도

중국 인력자원사회보장부 신창심 부부장과의 양자회담.

제7회 한중일 인사장관회의를 통해 3국의 인사행정 네트워크가 재가동되었다.

라며 중국이 핵심 인재 그룹을 중시한다는 점을 강조했다. 공직 기강에 대해 강하게 드라이브를 걸고 있는 점에 대해서도 양 국가가 같은 생각을 갖고 있음을 확인할 수 있었다. 한국도 인사혁신처가 지향하는 '미래를 향한 혁신'의 내용과 함께 당시 추진하던 '공직 가치 프로젝트'에 대해 소개했다.

인사장관회의의 하이라이트는 '공직의 전문성 강화 방안'을 주제로 한 3국 인사장관의 자유토론 시간이었다. 그간 인사장관회의는 의전행사의 성격이 강했는데 보다 실질적인 논의를 해보자는 차원에서 기존에 없던 자유토론 시간을 갖자고 중국, 일본 측에 제안했다. 새로운 프로그램을 관철시키는 데에 어려움도 있었지만 설득을 통해 한중일 인사장관들이 기탄없이 이야기할 수 있는 소중한 자리를 만들 수 있었다. 3국의 수장들은 전문성을 갖춘 공무원이 국가의 성장과 발전을 이끌 수 있다는 데 뜻을 같이하고 전문성 제고를 위해 각국이 추진 중인 방안을 공유하고 토론했다. 그동안 강조되던 공직자의 성실성과 도덕성은 물론이고, 맡은 분야에서의 전문성이 그 어느 때보다 강조되는 글로벌 무한경쟁 시대를 살고 있기에 어느 회의보다 의미 있는 성과를 거둔 시간이었다.

먼저, 한국은 '전문가형'과 '관리자형'으로 이원화된 인사관리 방식으로 추진 중인 'Y자형 인사관리'에 대해 소개했다. '전문가형'에 해당하는 전문직위 확대, 인사 및 홍보 등 전 부처 공통기능 전문화 필요성에 대해서도 소개했다. 신창싱 부부장은 공무원 전문성 향상을 위한 개개인에 대한 교육 훈련의 중요성을 강조하며 다양한 교육 과정, 교육 훈련비 안정화, 수요에 대한 맞춤형 교육 훈련 등 중국에서 추진 중인 전문성 강화 방안을 공유했다. 이치미야 총재는 공무원의 전문성은 일반 행정가로서의 실무관리 능력과 특정 분야에서의 전문성으로 나뉜다며 직위단계별 능력 향상 기회 부여, 국제 업무 수행 인재 육성, 공정한 능력·실적 평가에 따른 인사관리 등을 소개했다.

기본적으로 성적주의 경쟁시험을 바탕으로 표준 직무수행능력 검증을 통해 채용하고 고도의 전문성을 가진 인재를 임기제로 채용한다는 점이 우리와 비슷했다. 한편 미래 행정의 핵심 요원으로 기대되는 직원의 경우 타 부처 및 국제기구 근무가 필수적이라는 부분은 인상 깊었다.

인사혁신처 출범 후 한국에서 열리는 첫 회의인 만큼 그동안의 관례적인 회의에 더해 무언가 새로운 시도를 해보고 싶었다. 그래서 방한한 중일 대표단을 대상으로 '한국의 미美와 맛'을 알리는 데에도 많은 공을 들였다. 환영 만찬에 앞서 한국 전통무용과 음악을 시연했는데 중일 대표단의 반응은 가히 폭발적이었다. 쉴 새 없이 진행된 회담 일정으로 지친 대표단은 카메라 셔터를 연방 눌러대며 피로를 싹 씻어냈고 공연이 끝난 후에는 공연자들과 함께 기념 촬영을 하기도 했다.

환영 만찬은 한식의 맛과 멋을 느끼게 해주고 싶어 한식 전문가를 초청해 준비했는데, 열정 넘치는 한식 전문가가 재료 하나하나에 대해 설명하고 시식을 곁들였더니 '보고, 듣고, 맛볼 수 있는 신선한 경험이었다'는 찬사를 들을 수 있었다. 다음 날 환송 오찬에도 세계적으로 유명한 유럽산, 남미산 와인을 제쳐두고 충북 영동산 와인을 소개하고 대접했다. 주최국으로서 우리 고유의 것을 체험할 수 있도록 했던 것은 이것이 곧 애국이자 한류를 널리 전파하는 길이라 생각해서였다. 마지막 환송 오찬 때 이치미야 총재는 "만찬이 굉장히 감동적이었고 잊을 수 없는 시간이었습니다" 하고 고마움을 표했는데, 귀한 손님을 맞은 호스트 입장에서도 뿌듯함을 느꼈다.

마지막 일정으로 행사장 근처 리움미술관에서 한국의 미를 알릴 수 있는 기획전시 '세밀가귀' 전이 때마침 열리고 있어 중일 방한단을 안내했다. 이 전시는 한국 미술의 세밀함, 섬세함, 정교함을 강조한 전시였다. 고려 나전, 청자를 비롯한 여러 작품이 전시되어 있었는데, 중일 장관들도 한국 미술의 품격에 감탄하는 모습이었다. 특히 스마트폰을 활용한 디지털 가이드와 360도 회전하며 내부도 볼 수 있는 전시 시설에 많은 관심을 보이며 우리 IT 기술에 놀라움을 표했다.

인사혁신처 출범 이후 '한중일 인사행정 네트워크'가 재가동된 것은 큰 의미가 있었고, 개인적으로도 중국과 일본의 든든한 친구를 얻었다는 기쁨이 컸다. 이번 장관회의를 계기로 지리적·문화적으로 인접한 이웃 국가 동북아 3국이 앞으로도 더욱 협력해 아태 지역의 발전을 이끌어나가길 기대해본다.

미래와 혁신의 땅, 싱가포르 탐방

인사혁신처장으로 취임한 후 첫 해외 출장지로 선택한 곳은 싱가포르였다. 수많은 연구기관에 의해 그 효율성과 경쟁력이 세계 최고 수준으로 인정받고 있을 뿐만 아니라 공무원 인사행정에 있어서도 가장 선진국이라고 알려진 국가가 싱가포르다. 그렇게 훌륭한 제도를 관리하고 있는 공무원에게 직접 제도에 대한 설명을 듣고 토론도 하면서 우리 공직사회의 미래상을 그려보고 싶은 마음에 싱가포르를 찾았다. 테오 치 한Teo Chee Hean 부총리 겸 인사 담당 장관, 에디 테오 Eddie Teo 중앙인사위원회 위원장, 로저 탄Roger Tan 공무원대학 부총장을 만나 공직혁신의 방향과 이를 위한 양국의 협력 방안 등을 논의하는 시간을 가졌다.

싱가포르 공무원 인사 제도를 책임지고 있는 고위 관리들과 대화를 나누며 가장 배워야겠다고 생각했던 것은 공무원의 자기개발과 교육 훈련을 지원하기 위한 싱가포르 정부의 노력이었다. 싱가포르에서 공무원 교육은 개개인의 권리로 보장되어 있을 뿐 아니라, 직급과 직무에 따라 필요한 연수를 받는 것이 공무원 본인은 물론 그 상급자의 의무로도 규정되어 있었다. 교육 내용 또한 획일적 콘텐츠를 주입하기보다는 교육 주체의 수요와 소속 기관의 업무 특성을 반영해 구성할 수 있도록 기관별 교육 훈련 로드맵을 마련케 한 점도 높이 평가할 만했다. 이 같은 싱가포르의 공무원 교육 훈련 제도는 공직사회 공통의 가치, 부처 간 활발한 협업과 소통, 공무원 개개인의 리더십 함양에 큰 기여를 하고 있었다.

　　그에 비해 우리의 현실은 어떤가? 우리나라에서 공무원 교육 훈련은 상황에 따라 급한 일이 없으면 상급자 눈치를 보며 겨우 조용히 티가 나지 않게 가야 하는 휴가 비슷한 무엇으로 여겨진다. 개인마다 매년 채워야 하는 교육 시간이 정해져 있지만, 자기개발을 통해 맡은 바 직무에서 최대의 성과를 창출하겠다는 목적으로 임한다기보다는 정해진 시간을 채우지 못했을 때 받을 인사상 불이익을 회피하겠다는 것이 주된 동기로 보인다. 그러다 보니 내용이 부실한 교육도 적지 않고 온라인 강의 등을 통해 형식적으로 시수만 채우는 경우도 적지 않다. 적극적이고 선진적인 교육 훈련 제도를 일찍이 도입해 지속적인 자기개발 자체가 하나의 문화로 자리 잡은 싱가포르 공직과 비교해보며 우리의 교육 체계에 대해 많은 반성을 할 수밖에 없었고, 싱가포르의 인재

개발 모델을 우리 정부에 접목시켜야겠다는 생각이 강하게 들었다.

또 한 가지 주목할 만한 것은, 정부가 먼저 다가올 미래를 고민하고 변화에 적극적이면서도 전략적으로 대응하려는 자세였다. 싱가포르 지도자들은 현재 싱가포르의 높은 국제적 위상과 5만 달러를 넘는 1인당 GDP에 안주하려는 생각을 갖고 있지 않았다. 오히려 국내 및 국제적 환경의 급속한 변화와 새로운 도전에 능동적으로 대응할 수 있는 초일류 공직사회로 발돋움하기 위해 '미래'와 '혁신'이라는 키워드를 정책 결정의 중심에 두고 있었다. 정치·경제·사회·문화적 변화에 수동적이고 타율적으로 끌려가는 것이 아니라 오히려 이를 기회로 활용해 끊임없이 혁신하고 국가경쟁력을 높여 나간다는 철학을 갖고 있었던 것이다. '전략 그룹Strategy Group'이 이러한 역할을 하는 곳이었는데 처음에는 이 기능이 총리실 인사국 내에 신설되었다는 점이 흥미로웠다. 인사 분야 고위 공무원이 머리를 맞대고 싱가포르 정부 전반의 미래 전략과 대응 방안을 전담 연구하고 혁신을 선도하며 범정부적 이슈들을 논의해 왔는데 최근 총리실 소속이 된 것이다. 이렇게 '미래와 혁신의 땅' 싱가포르는 변화를 주도하는 선진국으로서 그 지위를 굳건히 하고 있었다. 부럽기도 하고 한편으로 우리 정부도 이러한 기능을 하루 속히 활성화시켜야 하지 않을까라는 다급한 마음도 들었다.

세계 최고 수준의 정부 효율성을 유지하는 원동력인 핵심공무원단 제도도 인상 깊었다. 싱가포르에서 이른바 핵심 인재로 손꼽히는 이들과 만나 대화를 나눠본 결과, 결코 우리나라 공무원의 역량 수준

싱가포르 중앙인사위원회 방문.

공무원 대학 방문. 싱가포르의 우수 인재 조기 선발 시스템이 인상적이었다.

이 싱가포르 공무원보다 떨어진다는 생각은 들지 않았다. 다만 몇 가지 부분에서 다른 점을 느꼈다.

일단 눈높이가 달랐다. 싱가포르 정부는 공무원 인사와 공직사회가 지향해야 할 방향은 국민이지 결코 공무원의 기득권과 이익이 아니라는 점을 명확하게 인식하고 이를 정책에 반영해왔다. 나도 그간 공무원 인사는 기본적으로 공무원의 이익을 위한 것이 아니라 국민에 대한 서비스 질을 높이는 데에 방점을 둬야 한다 생각해왔고, 그래서 늘 '이것이 과연 누구를 위한 인사 방식인가' 하는 의문을 제기해왔다. 공무원은 국민의 복지를 위해 존재하지 결코 그 자체를 위해 존재하는 것이 아니라는 기본적 원칙을 충실히 지킨 싱가포르는 부처 간 칸막이, 부처 이기주의 문제로부터 자유로울 수 있었고 '하나로서의 정부'를 구현할 수 있었다.

두 번째로 싱가포르 정부는 기업 활동을 지원하는 집단으로서의 성격이 강하고 핵심 인재의 공직과 기업 간 인적 교류도 상당히 활발해 보였다. 복지국가 성격보다는 시장을 중시하는 국가의 성격이 강했는데, 그 부분에 대한 장단점을 평가하기보다는 일단 국민과 민간 섹터의 입장에서 사회문제를 해결하려는 자세에 도움이 되겠다는 생각이 들었다.

세 번째 차이로는 준비된 인재를 핵심 인재로 키우는 부분이었다. 우리나라 공무원은 상대적으로 획일적인 공개채용시험을 거쳐 대거 입직하고 있는데, 사실상 공무원으로 준비된 인재라기보다는 시험에 최적화된 사람들이 채용되기 쉬운 시스템이라고 볼 수 있다. 이에 비해 싱가포르는 우수한 인재를 조기에 선발해 장학금을 주고 핵심 인재로 성장시키는 시스템을 갖고 있었다. 이제 우리도 공무원으로 성장할 인재를 키우고 준비시키는 트랙을 마련할 필요가 있지 않겠나라는 생각이 들었다.

이외에도 일반 행정가와 전문 행정가로 이원화한 인사관리 방식, 성과 중심의 인사 정책, 부정부패 척결과 민간 수준의 보수 체계 등 한국 정부 인사 정책에 반영할 시사점을 많이 얻을 수 있었다. 싱가포르도 과거에는 공무원이라는 직업을 '철밥통iron bowl' 이라는 말로 표현하곤 했지만, 더 이상 그렇지 않다는 부총리의 설명은 두 국가의 차이가 어디에서 왔는지 다시금 깨우치게 해줬다.

말레이시아, 중국과 같이 훨씬 더 큰 주변국과의 생존 경쟁에서 살아남기 위해 활용할 수 있는 자원은 오로지 사람밖에 없다는 것이 싱가포르의 운명이라는 얘기를 들었다. 그런데 싱가포르보다 더한 운명을 짊어진 나라가 있다면 바로 우리나라일 것이다. 미·중·일·러 주변 강대국이 동북아의 패권을 두고서 치열한 경쟁을 벌이는 틈바구니에서 살아남아야 한다. 우리에게는 석유 같은 자연자원도 없고 영토는 좁기만 하다.

국가의 안위를 지키고 동북아, 나아가 세계 무대를 주도해야 한다는 비전을 생각하면 변화와 혁신을 모색하려는 시도가 너무 늦은 것이 아닌가 하는 생각도 들지만 늦었을 때가 가장 이른 때라고, 그 혁신을 바로 지금 시작해야 한다는 것을 싱가포르는 분명히 보여주고 있었다.

04

—

공감하지만
움직이지 않는 사람들

인사혁신을 추진함에 있어 공감대를 형성하는 것이 가장 중요했다. 장차관의 관심이 일단 중요하고 100만여 공무원의 공감도 중요하다. 혁신의 대상이자 주체인 공무원 스스로가 움직이지 않는다면 혁신의 성과를 내는 것 역시 요원한 일이다. 그래서 500일 동안 가장 중점을 두고 펼친 활동이 바로 방향성을 공유하고 혁신이 정말 필요하다는 공감을 얻어내는 일이었다.

아무래도 기관장의 관심이 가장 중요하다 판단했기에 공을 많이 들였다. 국무회의나 여러 정부회의, 오·만찬 자리에서 만날 때마다 때로는 총론으로 때로는 각론으로 설명과 설득을 계속했다. '혁신레터'라는 것도 만들어 매월 각 부처 장관님들께 보냈다. 월별 이슈가 되는 인사혁신 과제에 대해 상세하게 설명하고 간곡히 부탁하는 취지의 서신이었다. 개별적으로도 장관님들을 찾아가 인사혁신을 설명하고 협조를 구했다. 대부분의 경우 장관님, 처·청장님들은 내 이야기에 공감하고 고개를 끄덕여줬다. 그래야 한다고, 맞는 말씀이라고, 그거 정말 문제라고, 꼭 고쳐야 한다고.

공무원 상대로 강의도 많이 하고, 간담회도 셀 수 없이 많이 다녔다. 부처 직장 교육에 가서 강의하고, 교육 과정에도 출강하고, 각종 직종별 간담회와 현장 방문을 통해 수많은 공무원들을 직접 만나 인사혁신의 필요성과 시급성에 대해 설파했다. 그런데 거기까지인 경우가 많았다. 총론에선 공감하지만 각론으로 들어가면 움직이지 않는 경우가 많았고 인사혁신에 대한 관심이 크지 않았다. 정부 내 인사관리의 중요성에 대한 인식도 별로 없었다. 관심이 없었으니 우군도 별로 없을 수밖에.

공무원 사기를 고려해야 한다는 이야기가 많았다. 그러나 내가 본 기존의 공무원 사기진작 관련한 툴들은 사실상 국민의 지지를 못 받는, 공무원의 기득권을 강화하는 것이 많았다. 제로썸zero sum 게임 식의 뺏고 빼앗기는 것이 많았다. 나는 결코 공무원의 사기를 무시하자는 주의가 아니다. 아니, 오히려 그 반대다. 공무원 사기가 대단히 중요하다고 보는 사람이다. 그리고 사기를 보수나 승진으로 좁게만 보기보다 성장과 발전이라는 측면을 볼 필요가 있다. 성장과 발전만큼 큰 보상은 없다. 성장하고 발전한다면 보수와 승진은 따라가게 되어 있다.

프레임을 바꿔보자는 것이다. 악순환의 고리를 끊고 선순환의 고리를 만들어야 한다. 알렉산더 대왕이 '고르디우스의 매듭'을 칼로 끊어버렸듯 과감하게 털어버려야 한다. 공무원 개개인이 자기개발을 통해 능력과 역량을 높이고, 이를 통해 성과를 내고 성과를 낸 만큼 보상받게 하는 시스템을 만드는 것이다. 이것이 인사혁신의 골자다. 난 그저 공무원이 잘되게 하고 싶다. 값어치 있는 공무원을 보고 싶다.

그런 시도를 안 해본 것도 아니라고 한다. 그동안 계속 성과를 내지 못하고 실패했다고 한다. 그러면 어쩌자는 것인가. 하지 말고 계속 가만히 보고만 있자는 것인가. 인사혁신 총론에 공감을 한다면, 딴지나 걸면서 될까 말까 하는 얘기들을 이제는 그만해야 하는 것이 아닐까. 지혜를 모아 이전에 해내지 못한 혁신을 성공시키는 데 힘을 모으고 아이디어를 모으고 또 지혜를 모아 지속적으로 밀고 나가야 하는 때가 아닐까. 지금은 미래의 위대한 대한민국으로 가는 길, 사회 분위기를 만들고 합의해야 할 때다. 이것은 어느 개인을 위한 일이 아니다. 국가의 일이고 우리 아이들을 위한 노력이다. 방관하거나 폄하할 때가 아니다.

그동안 공무원들이 광복, 전란, 보릿고개, 산업화 과정에서 공로가 있다고 국민 80% 이상이 인정한다고 한다. 우수한 사람들, 훌륭한 집단이 아닌가. 수십 대 일의 경쟁률을 뚫고 들어오지 않는가. 이 집단이 제대로 일하게 만드는 시스템을 만들고, 집단의 전반적 생산성을 올라가게 하는 데 지혜를 모아야지 전에도 안 됐으니까 하는 그런 비관적인 소리를 할 때가 아니다. 금단 현상을 극복하고 낡은 관행을 타파하는 데 도전해야 하지 않겠나. 부작용과 문제점을 인정하고 그래도 가야 하지 않을까. 방법론은 조금씩 다를 수 있다. 중요한 건 하나의 길을 보고, 목표에 대해 투철한 의지를 모으고 아무도 가보지 않은 길을 함께 가보자는 것이다. 이제 돌파만이 남았다. 저항은 설득하고 돌파해야 한다.

한 뉴스 전문 채널에 출연해 인터뷰에서 했던 말이 기억난다. 설득을 어떻게 해왔는지 물어보는 질문에 나는 이렇게 답했다.

"일단 옳다고 생각하면 가서 설명을 합니다. 설명을 해서 이해가 안 되면 설득을 합니다. 설명은 있는 그대로를 얘기하는 것이고 설득이라는 것은 논리적으로 쟁점을 가지고서 토론해가는 과정이죠.
그게 안 되면 한 번만 봐 달라고 얘기합니다. 이걸 꼭 해야겠으니, 개인적인 것이 아니니 봐 달라. 또 그게 안 되면 다음에는 살려 달라고 얘기합니다. 나 이거 꼭 해야 되니까 한 번만 살려주십시오. 그렇게 얘기하고요. 그 정도면 대부분 들어주시고요….
거기서 안 되면, 그러면 제가 마지막인데 무슨 수가 있겠습니까? 어떻게 할 것 같습니까? 그때는 같이 죽는 수밖에 더 있겠습니까? 일을 꼭 되게 하자. 일이 안 되면 나도 여기 근무할 수 없다. 같이 일을 꼭 좀 만들어 달라. 또 한 번 빌죠…."

−YTN 뉴스인 (2015년 1월 26일 출연 당시 인터뷰 중에서)

인사혁신. 어디까지 해봤는지 돌이켜 생각해본다. 사실 어느 단계까지 갔든 그것이 중요한 건 아니다. 이 일이, 인사혁신이, 우리 아이들의 미래를 만드는 이 작업이, 꼭 좀 잘되었으면 좋겠다는 생각뿐이다.

—

05

첩첩산중,
견제와 균형 사이

정부에는 견제와 균형의 원리가 적용된다. 입법과정, 조직관리, 예산 편성, 법제심사 등 눈에 띄는 공식적 절차뿐 아니라 보이지 않는 견제와 균형이 곳곳에 산재해 있다. 견제와 균형을 통해 일부 세력이 권한을 독점하는 것을 방지하려는 취지라고 본다. 그 취지에 동감한다.

다만, 기업에서는 계열사라 해도 CEO를 맡으면 상당한 권한이 주어졌던 데 반해 정부는 기관장이 독립적으로 결정해서 추진할 수 있는 것이 매우 적었다. 정책 의사결정을 하면 예산, 조직, 인사 등 일을 해내기 위한 제반 사항이 따라올 것이라 생각했는데 그렇지 않았다. 의사결정은 그 일을 해보겠다는 시작의 의사 표시에 불과했을 뿐 넘어야 할 산들은 계속 나타났다. 견제와 균형의 원리가 필요하다는 점은 알지만 일을 해나가는 프로세스에 있어 답답한 심정을 자주 느낄 수밖에 없었다.

인사혁신의 길도 만만치 않았다. 우리가 아쉬운 소리를 해야 하는 이른바 '갑' 부처를 상대로 무언가 요구하게 될 때면, 그것이 그냥 '프리 패스Free Pass'가 되는 법이 없었다. 무언가를 줘야 했던 것. 하나를 받으면 둘을 줘야 했다. 부처 간 칸막이를 절감한 이유다. 인사혁신처에서 각 부처에 제공할 수 있는 이슈들이 몇 가지 있었는데 예산이나 조직을 따오기 위해서는 말 그대로 쟁취 투쟁, 주고받기 협상을 해야 했다. 그러다 보니 예산이나 조직을 지닌 부처는 지속적으로 몸집을 불려나갈 수 있는 구조로 보였다. 그리고 그들의 행동 양식은 이미 그렇게 학습되어 몸에 배어 있었다.

인사혁신의 과제를 부처가 실행하게 하는 것도 쉽지 않았다. 인사혁신의 방향과 지침을 통보함으로써 전 부처에 퍼져나간다고 생각했다면 오산이었다. 지침은 지침일 뿐이었고, 부처가 방향대로 움직이게 하기 위해서는 지속적으로 협의하고 설득하고 인센티브를 제공해야만 했다. 그냥 얻을 수 있는 경우는 없었다. 혁신의 길은 그야말로 첩첩산중이었다.

이제는 정부도 범정부적으로 정책결정이 되었다면 그것을 실행하는 데에 필요한 사람, 돈, 조직 등은 지원해주고 일을 잘해낼 수 있게 도와줘야 하지 않을까? 나랏일이 먼저이지 부처 이해관계가 우선은 아니지 않은가. 또 주고받는 거래를 통해 일을 해나가는 것이 아니라 정부 전체가 마치 하나의 몸처럼 유기적으로 움직이는 모습이 필요하지 않을까?

무엇을 위한 견제와 균형인지 다시 한 번 살펴볼 필요가 있다. 부처 이해관계를 바탕으로 한 업무 추진 방식에 대해 돌아볼 필요가 있다고 생각한다.

06

민간 출신의
외로움에 대한 단상

혼자 정부에 들어왔다. 보좌진으로 데려온 사람이 없었다. 필요는 했지만 그렇다고 내가 먼저 지원해 달라 하기도 구차했다. 내 재량의 범위 안에서 지원 인력 몇 명쯤은 당연히 선택할 수 있을 것이라 생각했는데, 차관급 기관 조직관리 등을 이유로 실무진이 꺼려하는 듯해 더 이상 얘기하지 않았다.

처음 들어갔을 때 날 보좌해준 인력들을 믿고 의지할 수밖에 없는 것은 인지상정이다. 민간에서 일하다 공직에 처음 발을 들인 내가 잘 적응할 수 있도록 이것저것 알려주고 코칭을 해주는 사람들이 고마웠다. 그러나 순환보직의 관행이었는지 나에 대해 크게 신경 쓰지 않아서였는지 모르겠지만, 내가 의지했던 주위 몇몇 사람들이 더 좋은 자리를 찾아 떠나기도 했다. 본인이 선택한 자리들이었으니 굳이 막지 않았고 축하해줄 일이었지만 다소 섭섭한 마음이 드는 건 어쩔 수가 없었다. 일이야 현재 같이 있는 사람들끼리 해나갈 수 있는 것이지만 그래도 더 있어줬으면 했던 것이 속마음이었다.

기가 막히는 일도 겪었다. 공무원의 처우와 근무 여건, 인사 등을 총괄하는 중앙인사관장 기관의 장이다 보니 각종 공무원의 근무 현장을 방문해 확인하고 살피는 것이 주요 업무라 할 수 있다. 그래서 전국 이곳저곳을 찾아 현장의 목소리를 듣고 현황을 살펴왔다. 그런데 2015년 늦여름 방문했던 한 기관의 사례에서 당황스러운 일이 발생했다.

전문성이 필요한 어느 부처 소속 기관에 방문했고 그곳 책임자와 그 분야 인사관리에 대한 토의를 했다. 업무 처리 방식의 효율화를 위한 개선 방향도 공유하고 좀 더 발전된 논의를 위해 다시 만나 이야기하자고 했다. 그리고 한 달쯤 지나 책임자가 내 집무실로 찾아와 함께 논의하는 기회를 가질 수 있었다. 문제는 그 이후였다. 해당 소속 기관을 업무상 관리·감독하는 부처 담당 국장이 나의 발언과 행보에 대해 비서실로 전화를 걸어와 항의를 했다는 것이었다. 왜 갔는지, 왜 본인에게 미리 알리지 않는지 불만을 표시했고 내가 타 부처의 소속 기관장을 사적으로 이용했으며, 이번에는 그냥 넘어가지만 다음에는 정식으로 항의하겠다며 과장들과의 회의 자리에서 유선상으로 공언했다는 것이었다.

상당히 위협적인 언사에 당황하지 않을 수 없었다. 공직에서는 원래 이런 일이 가끔 발생하는지 궁금했고, 내가 민간에서 와 그런 것인지 자격지심 비슷한 기분도 들었다. 그리고 이 일로 인해 직무수행에 지장이 초래되어선 안 되겠다는 생각을 했다. 내 행적과 발언에 대해서 나는 떳떳했고 추호도 책잡힐 일은 하지 않았다는 확신이 들기 시작하면서 대응을 단호하게 해야겠다고 생각했다. 이근면이라는 한 개인에 대한 해프닝이 아니라 인사혁신처장의 직책에 해악이 될 수도 있는 일이라는 판단에서였다.

고위 공무원이 비서실을 통해 타 부처의 장에게 훈계조 발언을 전달하라고 전한 행위가 부적절했을 뿐만 아니라, 공무 수행 중인 행보에 대해 사적으로 이용했다며 공개적 석상에서 폄하한 부분은 기관장의 명예를 심각히 훼손한 것이었고 심리적으로도 위협을 가한 것이었다. 말 한마디로 해결될 문제가 아니라고 판단하고 강경하게 대응했다.

그러나 인사권을 지닌 그 부처 장관은 쉬이 움직이지 않았다. 적절한 조치를 기다렸고 면담을 통해서도 의사를 전달했으나 벽은 공고했다. 서신을 보내 일을 마무리 지어야 하지 않겠냐고 뜻을 전했지만 마찬가지였다. 중간중간 말 못할 해프닝도 있었지만 결국은 서로의 입장을 절충하는 선에서 마무리되었다. 민간 출신 기관장이 일종의 '외로움'을 절실히 느낀 에피소드였다.

한 가지 사례만 더 덧붙여보자면, 인사혁신을 이끌어가는 부처의 입장에서 혁신적인 인사 운영 사례를 모범 삼아 보여줄 필요가 있다는 생각이 들었다. 평소 처 내 인사에 대해서는 일절 개입하지 않고 간부진들에게 위임해왔던 터라 내 뜻이 관철될 것이라 생각했지만, 일부 발탁성 또는 문책성 인사 방침에 대해서는 하나같이 '아니되옵니다'를 외치며 반대했다. 주된 논리는 그러한 결정은 처장인 나에게 부담이 될 것이라는 취지였다. 나는 괜찮은데 다들 왜 저렇게도 지레 걱정하는지 이해가 되지 않았다. 그리고 기분이 좋을 수만은 없었다. 공직의 논리에 나도 포획되어야 하는 것인가. 공직 인사혁신이라는 사명을 홀로 해나가기에는 힘이 부쳤다. 믿고 의지할 내 편이 많아야 일하기 수월할 텐데….

"내가 너는 믿어도 되냐?" 가까웠던 부하 직원 중 한 명에게 물었던 질문이 문득 떠오른다.

—

07

포석의 완성을
꿈꾸는 몽상가

인사혁신처장으로 임명되었다는 소식을 들은 지인들과 취임 후 각종 행사와 회의 등에서 만난 외부 인사들은 비슷한 이야기를 했다. "인사혁신 그거 해내기 어려울 걸요", "성공하기 어렵다고 보면 됩니다", "공무원 사회 바꾸는 게 여간 어려운 일이 아니에요. 안 바뀌니 너무 기대하지 마세요" 등등.

사실 많은 것을 해낼 수 있으리라는 생각은 애초부터 하지 않았다. 단지 실패를 하더라도 의미 있는 실패를 하고 싶었고 성공의 밑거름, 첫걸음이 될 실패를 하고 싶었다. 전투는 내가 아닌 다른 사람이 할 수도 있는 것이고 그 전투에서 이길 수도 또는 질 수도 있는 것이다. 내가 하려고 했던 것은 포석을 까는 것이었다. 너무 많은 것을 펼쳐놓는 것이 아니냐는 비판도 있었지만 이렇게 포석을 깔아놓으면 누군가가 다시금 사용할 수 있기 때문이다. 그물망처럼 한 코 한 코 만들었다. 예를 들어 공무원의 행태 변화, 반듯한 공직 문화를 조성하기 위한 그리드망은 아래와 같이 추진했다.

공무원의 행태 변화	반듯한 공직 문화 조성
• 철밥통 → 저성과자 교육 및 결과 반영	• 〈공무원 헌장〉 / 공무원 선서 내재화
• 복지부동 → 소극행정 철퇴	• 확실한 포상과 징벌
• 감사 보신주의 → 적극행정 면책	• 기부 및 봉사 활성화
• 갑질 → 규제 개혁	• 헌혈 및 심폐소생술 교육 정례화
• 부정 및 일탈 → 원스트라이크 아웃	• 독서 문화 권장
(사회보다 엄격한 기준 적용)	• 대민 접점 공무원의 의식 변화 서비스 교육

인사혁신처의 따뜻하고 유능한 공무원 만들기는 사실 꿈같은 계획이다. 하루아침에 될 만한 것이 아니고 공무원과 국민이 힘을 보태야 가능하다. 그것이 비록 꿈일지언정 처음부터 안 된다고 하지 말고 되는 방안을 만들어갔으면 좋겠다. 성공을 위해 힘과 아이디어를 모으고 부작용이 있더라도 줄여나가는 방향으로 국민들도 관심을 갖고 동참해줬으면 좋겠다.

오늘도 나는 포석의 완성을 꿈꾼다. 몽상가라 할지언정 내일을 향한 꿈을 꾼다. 따뜻하고 유능한 신뢰받는 공무원이라는 브랜드. 행복한 국민, 경쟁력 있는 대한민국. 오늘 내가 꿈꾸는 우리의 미래다.

You may say I'm a dreamer (당신은 나를 몽상가라 하겠죠)

but I'm not the only one (그러나 나는 혼자가 아니에요)

I hope some day you'll join us (당신도 언젠가는 함께하길 바라요)

And the world will live as one (그러면 세계가 하나로 살아가게 될 거예요)

-존 레논(John Lennon) 노래 〈이매진〉 중에서

—

08

500명과의
500일

2014년 11월 19일 출범한 인사혁신처는 2016년 4월 1일 출범 500일을 맞았다. 500일간 느낀 공무원과 공직사회 그리고 인사혁신을 하겠다고 추진했던 과제들, 그 과정에서 느낀 소회를 앞서 이야기했다. 출범 500일 그리고 2주일 후 광화문 정부서울청사에서 세종특별자치시 민간 건물로 사무실을 이전했고 직원들과 모여 조촐하게 개청식을 했다.

공교롭게도 인사혁신처 직원은 약 500명이다. 취임 후 직원들에게 500명의 처장이 되어 자기 주도적으로 일해 달라, 신입 직원인 나를 잘 지도해서 '미생' 아닌 '완생'으로 내보내주면 고맙겠다고 말했다. 그 500명과 500일을 함께 보냈다. 참 바쁘게 달려온 시간이었다.

처음 100일은 죽지 않기 위해서 안간힘을 쓰며 버텨낸 갓난아기와도 같은 시간이었다. 처장이나 직원이나 주말 없이 일하며 100일간 숨 가쁘게 달렸다. 우리가 앞으로 해나가야 할 인사혁신의 계획을 세우고 추진 계획을 만들었다. 이후에야 휴가 많이 가라, 일찍 퇴근하라 종용했지만 초반에는 조직 안정을 위해 100일만 같이 참고 달려보자고 직원들에게 부탁했다.

그리고 100일 성과보고회를 겸한 '백일잔치'를 조촐하게 했다. 100일간 처의 주요 행사와 현장 소통 일정을 중심으로 복도에 사진을 전시하고 부서별로 단체 사진과 개인별 소감을 쓴 이야기를 게시해 전 직원들과 공유했다. 자발적으로 하는 모습이 보기 좋았고, 사실 어려운 일은 아닌데 그동안 공직사회가 너무 수동적이었던 것은 아닌가 하는 생각도 들었다. 조금씩이라도 적극적인 모습으로 변해갔으면 좋겠다는 희망을 가져봤다. 교육원에 전 직원이 모인 자리에서 100일간 열심히 해온 직원들의 노고를 격려했다. 100일간 고생이 많았고 인사혁신을 잘 해나가자고, 타 부처에도 귀감이 되고 신나는 직장을 만들어보자고 당부했다. 아이돌 그룹을 홍보대사로 위촉하고 신나는 음악과 함께 팀 발표하는 시간에는 앞으로 나를 끌어내길래 흥겹게 몸을 흔들어댔더니 직원들이 놀라는 눈치였다. 예상하지 못했던 모습이라 그랬던 걸까? 청와대 인사 수석비서관님도 찾아와 힘을 실어주셨다.

100일 지나고 또 본격적으로 달리기 시작했다. 그 와중에 연금 개혁도 완수했고 장관, 처·청장, 지방자치단체장을 만나 기관장들의

인사혁신처 1주년을 돌아보며 소회를 밝혔다.

인사혁신처 1주년을 맞아 진행한 종이비행기 세레모니.

인사혁신에 대한 관심을 높이고자 했다. 법 개정을 위해 국회에도 자주 다녔고 시간이 나는 대로 현장을 방문해 공무원들의 애로와 건의 사항을 들었다. 직원들은 업무 현장에서 실무적으로 인사혁신 과제를 달성하기 위해 많이 노력했다.

그리고 1주년을 맞아 지난 1년을 돌아보는 자리를 다시금 마련했다. 그동안 고생한 직원들에게 표창도 주고 첫 '돌잡이' 퍼포먼스도 재미있게 진행했다. 김장 행사도 별도로 갖고 우리 처가 후원하고 있는 기관과 정을 나누었다. 무엇보다 '아프지만 미래를 말하자—인사혁신처 1년' 이라는 주제로 이야기 마당을 가졌다. 성과만 내세우는 것이 아니라 우리가 부족했던 부분, 말하기 불편한 부분, 아픈 부분에 대해 자성하는 시간을 가졌다.

그리고 직원들에게 이야기했다. 비록 오늘은 힘들지만, 훗날 지금을 돌아보며 의미 있는 시간이었다고 뿌듯해했으면 좋겠다고. 다른 이유가 아니라 바로 이 자리에 있었기에 보람을 느꼈으면 한다고. 누구에게 보여주기 위한 것이 아니라 스스로에게 뿌듯해했으면 좋겠다고 전했다. 그리고 고맙다고 했다. 소회를 이야기하는데 갑자기 솟아오르는 눈물을 참을 길이 없었다. 직원들 앞에서 태연한 척 애를 썼지만 이미 격해진 감정을 다스리기가 참 어려웠던 기억이 난다. 나도 그간 마음고생이 심했었나보다.

그렇게 1년이 지나가고 500일도 지나 세종시로 일터를 옮겼다. 여러 가지 일정이 여전히 서울을 중심으로 진행될 수밖에 없기에 상당한 도전이었다. 업무의 효율성도 높여야 할 테고, 직원과 간부 간 소통 문제도 해결해야 하고, 스마트하게 일하겠다는 생각을 끊임없이 하며 개선해가야 했다. 세종 시대를 열며 고민이 많았던 기억이 떠오른다. 그래도 그동안 수고가 많았던 우리 모두에게 아낌없는 박수를 쳐주고 싶었다.

인사혁신처 100일을 맞아

−인사혁신처 100일을 맞아 직원들에게 보낸 이메일

인사혁신처 직원 여러분, 안녕하십니까. 처장 이근면입니다.

우리 처가 출범한 지 100일, 참으로 숨 가쁘게 지나온 100일이었습니다. 그동안 함께 뛰어온 여러분께 먼저 고맙다는 말씀을 드리고 싶습니다. 수고 많았습니다. 감사합니다. 더불어 여러분과 공유하고 싶은 생각 몇 가지를 전하고 싶습니다.

지난 100일 동안 우리는 앞으로 3년간 해야 할 일을 정리해서 계획을 세웠고 실천 일정을 정리했습니다. 공감대를 만들고 범정부 추진 계획을 만들어서 오늘이 계획의 마지막 날이고, 내일부터는 실천의 첫날이 시작됩니다. 이제 우리는 지혜를 모아 범정부적인 인사혁신이 연차별로 잘 이뤄질 수 있도록 소임을 다하고 힘을 모아야 합니다. 우리 처는 인사혁신의 컨설턴트로서, 계획의 수립과 실천자로서 선도적인 역할을 수행해나가야 할 것입니다. 인사혁신 계획을 잘 완수해서 훗날 지금 이 순간을 기억하며 정부 인사혁신의 선봉에 서서 동참했었다는 것에 모두가 자부심을 가질 수 있도록 합시다.

또한 우리 처가 타 부처에 어떻게 하면 좋은 모습으로 귀감이 될 수 있을지 고민합시다. 먼저 내부의 일하는 방식과 생각의 변화가 수반되어야 합니다. 과연 우리는 주도적으로 자율적으로 일을 하고 있는가 되돌아봅시다.

지식기반사회에서 스스로가 업무의 주인으로서 본인의 업무를 어떻게 하면 더 좋게, 더 빠르게, 더 효율적으로 생산성을 높일 수 있을지 고민하고 혁신 노력을 해야 합니다. 각자의 생산성의 합이 결국 인사혁신처의 생산성입니다. 타 부처의 귀감이 될 수 있도록 업무의 생산성을 올려서 500명의 처장이 만들어지길 바랍니다.

마지막으로 우리 처를 신나는 직장, 재미있는 직장으로 만들어나갑시다. 저는 우리 직원들이 저녁이 있는 삶, 여행이 있는 삶, 가정이 있는 삶을 누리길 원합니다. 그러한 삶을 위해 정시 퇴근하기, 휴일은 가족과 함께 보내기, 연간 보장된 휴가는 꼭 가기, 명절에는 고향으로 가기 등 평범해 보이지만 그러지 못했던 일상을 되찾아가기 바랍니다. 봉사활동이나 취미활동, 동료와의 유대 관계를 위한 시간을 갖는 것도 좋습니다. 이를 위해 업무 강도와 집중력 향상 등 운영의 프레임을 스스로 세우고, 자신에게 약속하기 바랍니다. 이렇게 해서 일과 삶의 균형을 만들어갑시다. 다른 부처에서 부러워할 만한 인사혁신처의 고유한 문화를 만듭시다.

처장은 여러분에게 이것저것 강요하기보다는 여러분 스스로 생각의 변화를 통해 우리 처의 모습을 변화시켜나갔으면 합니다. 변화의 방향은 물론 국민에게 존중받고 경쟁력 있는 공직사회를 만드는 것입니다. 100일 동안 여러분의 생각은 변하고 있나요? 변화의 필요성은 느끼고 있나요? 앞으로도 함께 이야기하고, 생각을 나누며 더 나은 인사혁신처, 더 나은 대한민국을 만들어나갈 방법을 모색해봅시다.

100일간 모두 고생 많았습니다. 인사혁신처 여러분 가정에 건강과 평안이 가득하시기 바라며, 앞으로도 더 좋은 나라, 우리 아이들이 살기 좋은 경쟁력 있는 나라를 만들기 위해 계속 파이팅합시다.

2015년 2월 26일
인사혁신처장 이 근 면

• • •

인사혁신처 세종시 이전을 맞아

-인사혁신처 세종시 이전 개청식 연설문

인사혁신처 직원 여러분, 지난 10월 인사혁신처의 세종시 이전이 결정된 후 6개월이라는 짧은 기간 동안 이전 준비하느라 애 많이 썼습니다.

직원 여러분, 우리 처는 이제 세종시라는 새로운 곳에서 인사혁신의 제2막을 열어가게 되었습니다. 그러나 여러분도 잘 아시다시피 현재 우리를 둘러싼 상황은 녹록지 않습니다. 최근 공무원시험 보안과 관련된 불미스런 사건으로 인해 인사혁신처가 그간 쌓아왔던 신뢰에 손상이 가게 되었고 우리가 열정으로 추진해왔던 인사혁신을 의구심의 눈빛으로 바라보는 시선도 생겨나고 있습니다.

이 모든 것은 단순히 한 개인의 일탈로 인한 것이 아니라 업무에 완벽과 만전을 기하지 못한 우리 모두의 책임이며 인사혁신처장인 저에게 가장 무거운 책임이 있음을 통감하고 있습니다. 여기서 우리는 쓰디쓴 교훈을 얻어야 합니다. 저부터 스스로를 돌아보고 통렬히 반성할 필요가 있다고 생각합니다. 우리가 옳다고 믿는 일에도 과정상의 허점이 있을 수 있고 선한 의도가 밖에서는 다르게 해석될 수 있습니다. 혹시 그동안 해온 일에 미흡한 점이 없었는지, 나도 모르게 느슨해지지 않았는지 신발 끈을 고쳐매는 마음으로 우리 자신을 돌아봅시다.

그러나 여러분, 아무리 힘든 일이 있어도 우리의 가야할 길, 꿈과 목표를 잊어서는 안 됩니다. 혁신의 길은 힘들고, 외로움의 연속이며 수많은 저항조차도 참고 이기고 넘어가야만 하는 숙명의 길입니다. 어려움을 이겨내고 일어서 묵묵히 우리의 가야 할 길을 계속 걸어가야 하며 그것만이 우리가 국민들의 신뢰를 다시 찾고 혁신에 대한 국민들의 열망과 기대에 부응하는 길입니다. 대부분의 정부 부처들이 위치해 있는 세종시로 이전한 것을 계기로 삼아 앞으로 뼈를 깎는 마음으로 심기일전하여 인사혁신에 더욱 박차를 가해야 할 것입니다. 행정 현장을 더욱 가까이서 보고 느끼고 각 부처들과 보다 긴밀히 소통하고 협력함으로써 공무원 속으로 확산하는 인사혁신, 모든 부처가 함께하는 따뜻한 인사혁신을 실현할 수 있도록 한마음으로 노력해주시기를 당부 드립니다. 아울러, 국민만을 바라보며 기대에 부응할 수 있도록 해야 하며 내일의 국민인 우리 아이들의 나라, 위대한 대한민국을 만들어야 하는 꿈을 놓지 맙시다.

직원 여러분, 여러분 한 사람 한 사람이 정부의 개혁을 선도해나갈 인사혁신처의 주인입니다. 여행자가 나침반에 의지하듯이 우리가 누구를 위해 무엇을 하고 있는지를 늘 가슴에 품고 살아가도록 합시다. 국민의, 국민을 위한 그 길을 걸어가도록 합시다.

여러분의 앞날에 건강과 행복이 늘 함께하기를 기원합니다.

감사합니다.

2016년 4월 15일
인사혁신처장 이 근 면

4장

위대한
대한민국을 향한
작은 생각들

01

4차 산업혁명 시대의
인재혁명

임진왜란, 병자호란, 일제강점기, 6·25와 남북분단…. 우리나라는 수많은 외침, 혼돈과 갈등의 시대를 겪어왔고 끈질기게 살아남았다. 미리 준비했다면 더 좋았겠지만 지나고 나서 깨우친 경우가 많았다. 사전준비 없이 문제가 생기면 그때그때 해결하다 보니 많은 희생이 있었던 아픈 역사다. 그래서 미래는 늘 먼저 준비해야 하고 우리가 먼저 그 문을 두드려야 한다.

위기가 아닌 적이 있었냐는 말도 있지만 오늘날 우리가 당면하고 있는 현실은 어떨까. 2016년 다보스포럼World Economic Forum(세계 경제 포럼)에서는 인공지능 발달, 인간 노동을 대체할 로봇 시대로 대표되는 '4차 산업혁명'이 화두로 제시되었다. 향후 5년 뒤 510만 개의 일자리가 없어질 것이라는 분석도 나왔다. 위기라면 위기라고 볼 수도 있지만 새로운 아이디어를 떠올리는 창의력과 감성, 협상 기술과 상호 협력 능력이 점점 중요해진다는 점에서 유일한 국가 자원이라 할 수 있는 사람을 통해 이미 성공의 경험을 해본 싱가포르, 이스라엘, 대한민국 같은 나라에는 기회가 될 수도 있지 않을까.

그렇다면 이러한 미래에 대비하기 위해 우리는 어떠한 준비를 해나가야 할까? 먼저, '사람'에 대한 인식을 재정의해볼 필요가 있다. 지금까지 우리는 사람을 일컬을 때 맨파워manpower, 휴먼 리소스 human resource라는 개념으로 이해해왔다. 초기 산업화 시대 노동력의 단위로 사람이 활용되면서 맨파워 개념이 등장했고, 마찬가지로 후기 산업화 시대에는 지식의 고도화 과정을 통해 지식의 양에 차이가 생겨나면서 휴먼 리소스라는 개념이 나타났다. 맨파워가 호스파워 horsepower와 대비되는 개념으로 물리적 노동력에 따라 사람의 노동 가치를 평가해왔다면, 휴먼 리소스는 생산의 3대 요소인 토지, 자본, 노동의 수준에서 논의되는 생산성의 요소로서 성과를 측정했다. 이 때 성과의 차이를 결정짓는 주요인은 지식의 격차로 인해 발생되었다. 지식의 차이가 나타나고 그 결과 사람의 지식수준을 높이는 '교육'이 산업화 시대의 국가 경영과 발전 전략에 중요한 부분을 차지했다. 사람을 단순히 교육의 대상 또는 노동의 시각으로 본다든지 수월성 교육, 평준화 중 어느 방식이 인재를 양성할 수 있는가가 화두가 되었던 것도 그러한 시대적 흐름 때문이었다.

하지만 이제 시대가 바뀌고 있다. 4차 산업혁명 시대에서 사람의 성과는 어떻게 표현될 수 있을까? 손 안의 백과사전이라 할 스마트폰 사용이 일반화되는 등 고도의 정보화 시대로 접어들면서 지식은 누구에게나 평준화되어 이제 더 이상 지식의 차이로 사람을 평가할 수 있는 세상이 아니다. 양quantity에서 질quality로, 질에서 가치value로 시선이 옮겨가고 있다. 이른바 가치의 시대, 휴먼 밸류human value의 시대가 도래한 것이다. 교육 또한 지식 습득형에서 지식 활용형으로, 즉 창조적 인재로의 전환이 요구되고 있다.

왜 가치의 시대일까. 과거에 물리적인 힘 또는 지식의 양으로 성과를 측정할 수 있었다면 이제는 같은 시간에 '얼마나 많은 가치를 창출해낼 수 있느냐'가 중요해진 시대다. 한 사람이 1시간에 평균적으로 1가치를 해낼 수 있다면 이 평균보다 더 많은 가치를 창출하는 사람도 있고 더 적게 창출하는 사람도 있다. 같은 40시간을 일하더라도 어떤 사람은 40가치를, 누군가는 80가치만큼의 일을 해낼 수 있고, 또 그보다 더 많이 해내는 사람도 있을 것이다. 예컨대 스티브 잡스는 1시간에 얼마나 많은 가치를 창출했다고 생각할 수 있을까. 프로스포츠 시장에서 드래프트를 통해 각 선수의 가치가 결정되듯 각 분야별 인재의 경우에도 그가 창출하는 가치에 의해 평가받는 시대로 이미 나아가고 있다. 호봉제에서 성과급제로의 흐름, 적게 일하면서도 생산성 있고 창의적으로 일할 것을 요구하는 사회 분위기 또한 창의적인 가치의 창출을 중시한다는 방증이다.

그래서 이제 각 분야를 관통하는 '인재人才'의 개념을 생각해야 한다. 한 사람 한 사람의 가치와 잠재력에 주목하는 인식 전환이 그것이다. 어떠한 그릇, 어떠한 틀을 갖고 미래를 맞이해야 할까. 이제 국가 경영의 화두는 인재의 경영, 즉 인재를 가치 있게 만드는 방향으로 바뀌어야 한다. 인재의 가치화를 국가의 중요한 발전 전략으로 삼아야 하고 나머지 다른 전략은 부수적으로 수반되는 변화로 인식할 필요가 있다. 미래는 어차피 보이지 않지만, 확실한 길은 어떤 변화에도 대응할 적응력을 키워나갈 수 있는 '인재의 가치화'다.

지금 우리 현실은 어떠한가? 전 국민의 절반이 한 영화를 본다. '나'만의 스토리가 있어야 하는데 나의 이야기를 하는 사람이 점점 없어지고 있다. 개개인이 자기를 실현하고자 하는 문화로 변화할 기반을 마련해야 한다. 프로9단 이세돌과 대국을 벌인 알파고AlphaGo의 학습능력은 기보를 익혀서 빅데이터로 활용하고 예측 기능을 고도화한 것이었다. 인공지능 시대를 대비해 인간은 현재 학습능력의 고도화를 추구해야 하기도 하지만, 인간만이 가질 수 있는 숨겨진 꼼수나 화려한 전략, 유연함을 경쟁력으로 내세워야 한다. 그리고 그것은 획일적인 인간이 아닌 인재 한 명 한 명의 가치화를 통해 가능하다. 그동안의 압축 성장도 상상력과 창의력을 기반으로 한 인재가 있어 가능했다. 내일로 가는 또 다른 도약을 위해서도 역시 사람이 우리의 미래다. 이제 휴먼 리소스에서 점점 더 '휴먼'의 시대로 바뀌어간다.

인재에 대한 인식의 전환을 토대로 국가 경영의 틀도 그에 걸맞게 정립할 필요가 있다. 지금까지 노동, 교육, 산업, 과학 등 각 분야에서의 인재 육성과 관리는 나름대로 진행이 되어왔지만, 이를 아우를 수 있는 포괄적인 국가 경영 수단으로서의 인재경영적 접근은 부족했다. 창조적 인재를 키우고 가치를 지닌 인재를 키워내는 국가적 차원의 노력, 국가의 생존 및 발전 전략이 필요하지 않을까? 우리는 어떠한 미래형 인재를 원하는가? 그러한 인재를 양성하기 위해 어떠한 준비를 해야 하는가? 또 그렇게 양성한 인재는 어디에 활용해야 할까? 사회 구성원 한 사람 한 사람이 지닌 잠재성을 무한히 확장시킬 방안은 무엇일까? 이러한 질문들에 대한 답을 찾아가는 과정이 국가 정책적으로 공유되고 논의되어야 한다.

인간은 누구나 자존의식이 있고 잘하려는 의지를 갖고 있기 때문에 이 점에 착안해 개인의 능력을 마음껏 펼쳐나갈 수 있는 환경을 만들어준다면 사회 분위기도 상당히 긍정적으로 변화시키면서 전체적인 에너지를 증대시킬 수 있다. 국가는 그러한 환경을 구축하고 각 개인이 자신의 가치를 올리겠다는 생각을 하게 만드는 일, 즉 시스템을 만드는 일을 해야 한다. 이제 '누구나' 할 수 있는 일은 점차 사라진다. '누군가만' 이 할 수 있는 일을 찾아 성장시켜야 한다.

쉬운 길은 아니다. 하지만 역사 속에서는 쉽지 않은 길을 갔던 사람들이 마지막에 웃었다. 가기 전에는 불가능하다 생각했지만 그것은 콜럼버스의 달걀과 같다. 우리의 역사는 그것을 입증해보였다. 소중한 성공과 변화, 발전의 경험이 있다. 이 모든 판단과 결정의 기준은 오늘의 대한민국이 아니라 우리 아이들이 살아갈 내일의 대한민국이다. 지금 어떻게 준비하고 가꾸는가에 따라 향후 우리나라의 미래는 변한다. 절박함과 중압감이 어깨를 짓누른다.

일기당천―騎當千. 1,000명을 감당하는 특수부대원처럼 5,000만 우리 국민 한 사람 한 사람이 10이라는 가치, 또 30이라는 가치를 창출하는 '인재'가 되어 인구 5억, 15억의 국가도 부럽지 않은 나라가 되었으면 좋겠다. 인재의 가치화를 통한 인재혁명, 그것이야 말로 4차 산업혁명 시대에 대한민국이 생존하고 비상할 수 있는 유일한 길이자 국가 경영 전략이다. 이제는 사람이다.

02

공직 진출의
위기와 기회

공직에 들어와 국가 정책을 수립하고 집행한다는 사실에 어깨가 무겁기도 했지만, 우리 아이들이 살아갈 나라를 위해 일하며 공익에 기여하고 있다는 사실에 자부심이 생겼다. 이는 바로 공직을 염두에 두고 있는 인재들에게 가장 먼저 전하고 싶은 공직의 매력이다. 봉사의 정신으로 헌신해야겠다는 생각과 더불어 후세를 위한 나의 역할이 무엇인가를 고민하고 실천하는 과정에서 본인의 존재 가치와 의미를 다시금 반추해보게 된 것이다.

기존의 공무원들 역시 후세를 위해 더 좋은 대한민국을 만드는 데 기여하고 있다는 데에 자긍심을 느낀다. 자신이 참여한 정책이 전 국민의 삶의 질을 높여주는 결과로 이어질 때 느끼는 보람이 이 직업의 매력이라고 다들 말한다. 이것 하나는 꼭 고쳤으면 좋겠다고 생각했던 정책이나 제도를 주도적으로 개선할 수 있는 실천의 장이기도 하다. 국가 전체를 보는 거시적이고 장기적인 안목이 생기고 쉽게 얻지 못할 다양한 경험을 축적할 수 있다는 것은 물론, 민간에 비해 결코 뒤지지 않는 역량을 지닌 '국가 인재'인 공무원들과 함께 일하는 것에 든든함도 느낄 수 있다.

평생을 민간에서 보내다 들어온 공직은 이렇게 매력적으로 다가왔다. 하지만 사실 들어오기 전에는 몰랐던 부분이다. 지금도 민간 영역의 많은 '국민 인재'들은 여전히 공직이 돌아가는 방식이나 시스템에 대해 잘 모르고 있는 것 같다. 이렇게 계속 국민 인재들이 정부에 대한 관심이 없도록 놔둬도 괜찮을까.

대한민국의 내일에 대한 진단은 다소 무겁고도 심각하다. 위기에 놓인 대한민국호를 순항 모드로 바로 잡으려면 우선 공직사회 혁신부터 필요할 텐데, 이를 위한 국민 인재 한 사람 한 사람이 아쉽다. 순혈주의로 조직이나 생태계가 크는 데에는 한계가 있고, 조직의 기존 시스템과 새로운 사람들의 활력이 적절하게 조화되어야 성과가 극대화될 수 있는 것이다. 민간 기업에서도 인적 다양성 추구 현상이 자리 잡은 지 오래다. 민간 경력을 지닌 국민 인재가 공직에 필요한 이유다. 공직에도 '절박함', '시급함' 이런 덕목들이 필요하다. '졸면 죽는다'는 말처럼 그동안 치열한 경쟁에 익숙해진 민간의 인재들이 공직에 활력을 불어넣을 필요가 있다.

물론 그동안 정부가 공직을 개방하려는 노력을 많이 해오기는 했다. 하지만 여전히 민간 전문가들은 공직에 진출하는 것을 주저한다는 인상이다. 아마 급여의 문제라든지, 신분 보장 문제 또는 조직 융화가 어려운 문화 등 여러 이유가 있을 터다. 개방하는 직위를 널리 알리려는 노력도 부족했거니와 자리에 대한 상세한 자격 요건과 업무 설명도 추상적이어서 공직을 잘 모르는 외부인들에게는 불리한 구조였다.

결과적으로 공직 내외부를 불문하고 우수 인재를 충원하겠다는 개방형 직위에 오히려 공무원이 더 많이 들어앉아 '무늬만 개방형'이라는 비판을 받기도 했다. 실제로 최근 5년간 민간 출신이 개방형 직위에 충원된 비율은 4분의 1 수준에 불과하다. 민간 출신 공무원이 소수다 보니 공무원 조직에서 제대로 기를 펴지 못해 개방을 확대하는 취지의 제도들이 정착되지 못했던 측면이 있었다. 하지만 국가와 국민, 국익을 위한 공적 가치관을 지니고 있는 사람, 보다 가치 있는 성취를 꿈꾸는 사람에게 공직은 여전히 매력적인 직업이며 남의 이야기가 아니라 나도 도전할 수 있는 직업임이 분명하다.

이제 분위기는 달아올랐다. 공직사회 혁신이라는 미션을 부여받은 인사혁신처가 민관 간 벽을 허물기 위한 과제들을 추진해 서서히 민간 출신 인사들이 공직에 진입하는 비율이 높아지고 있다. 정부의 헤드헌팅 기능을 강화했고 민간에만 개방하는 경력개방형 직위, 국민이 직접 추천하는 국민추천제, 기관장이 직접 적임자를 발굴·채용하는 스카우트제를 도입했다. 성과가 탁월한 민간 임용자는 임기 제한 없이 신분을 보장해주거나 보수를 비교적 융통성 있게 책정하게 하는 등 공직 개방을 위한 전방위적 노력이 자리를 잡아가고 있다.

반대로 공무원도 민간 분야에서 근무해볼 수 있는 기회가 많이 제공될 것이다. 현장을 체감하며 국민의 입장에서 정책을 바라보고, 세상이 변화하는 속도가 얼마나 빠른지도 학습하면서 민관 간의 장벽을 낮춰보자는 취지다. 이렇게 쌍방향으로 오가며 열린 공직사회를 만들어간다는 구상이다. 이러한 노력들을 통해 가고자 하는 종착역은 결국 국민에게 존중을 받고 세계 어떤 정부와 견주어도 손색없는 '경쟁력 있는 공직사회'다. 위기를 기회로 전환시킬 수 있는 분위기는 마련되고 있는 셈이다.

이렇게 민관 간 교류를 확대하고 공직사회를 변화시킬 물꼬를 터주기 시작하면 그동안 자리 잡지 못했던 다양한 출신의 인재들이 역량을 십분 발휘하는 환경이 조성될 것으로 본다. 국가의 인재인 공무원과 국민 인재인 민간 전문가가 서로에게 자극이 되고 선의의 경쟁을 통해 일하는 분위기를 만들어가는 것이다. 민간 분야에서 이직이 자유롭게 이뤄지듯 남녀노소 불문하고 누구든 언제든 공무원이 되겠다는 생각을 어렵지 않게 가질 수 있고 공직을 그들만의 리그가 아닌 우리들의 리그로 생각하게 되는 그날을, 또 "나도 공무원"이라고 자랑스럽게 이야기하는 내일을 상상해본다.

흥망성쇠를 거듭하는 역사 속 국가들을 통해 국가의 성장이 전제되어야 국민 개개인의 삶도 풍요로울 수 있음을 우리는 잘 알고 있다. 나라가 잘사는 건 당연한 일이고 주어진 조건이 아니라 동 시대를 살아가는 우리 모두의 치열한 노력, 피와 땀을 통해서 가능한 일일 것이다. '미래로, 세계로' 가는 대한민국을 만들기 위해 민간의 '국민 인재'들이 공직에 많이 도전하기를 소망한다.

강연이나 공연이 끝나는 순간 첫 번째 박수가 언제 어떻게 나오는가에 따라 그 자리에 참석한 모두의 반응이 달라지는 것을 종종 볼 수 있다. 종료와 동시에 누군가의 힘찬 박수가 터져나오면 자신도 모르게 뜨거운 박수를 덩달아 치게 되지만, 다소 주춤한 분위기가 연출되면 박수를 치려다가도 주저하게 된다. 사람은 누구나 주변 분위기를 살펴서 실수하고 싶지 않기 때문이리라. 그동안 우수한 민간 인재들이 공직 지원을 망설였던 것도 주춤할 수밖에 없는 환경 때문은 아니었을까.

지금이 기회다. 첫 번째 박수는 힘차게 터지기 시작했다. 자랑스러운 공직을 만드는 작업은 시작되었고 국민 인재들이 마음 편하게 공직에 진출할 수 있는 기반이 마련되고 있다. 물론 아직 갈 길은 멀고 이러한 변화의 시도가 성숙되기까지 상당 시간이 소요될 것이다. 하지만 이 정도 분위기라면 실수 안 하고 갖고 있는 역량을 펼칠 만한 장이 충분히 마련된 것 같지 않은가. 공직에 도전하라. 이제 같이 힘차게 박수치면 되는 시간이다. 대한민국 정부는 우리 아이들이 살기 좋은 나라를 만드는 데에 공헌할 국민 인재를 기다리고 있다.

신관료제의
미래 제안

2016년 4월 정부서울청사 별관에서는 공직사회의 미래를 논의하는
장이 열렸다. 세상은 빠르게 변화하고 있지만 우리는 여전히 200여
년 전 만들어진 관료 시스템으로 정부를 운영하고 있다. 미래를 정확
히 예측한다는 것은 불가능하겠지만, 적어도 미래는 정해진 것이 아
니라 우리가 만들어가야 한다는 데에 공감대를 형성했고 미래의 공
직 인사를 고민해본 시간이었기에 의미가 있었다.

　관료제 시스템을 다시 한 번 돌아봤다. 학문적으로야 관료제가 무
엇인지에 대해 다양한 견해가 있지만, 일반적으로 우리가 알고 있는
관료제의 특징이라면 출신이 아니라 능력을 바탕으로 유능한 사람
을 채용한다, 특정인의 독단적 명령이 아닌 민주적 절차에 따라 만들

어진 법과 규정에 의해 공식적이고 합법적으로 움직인다, 피라미드 형태 지휘 계통에 의해 서열화되어 있다, 책임 소재가 명확하며 문서로 업무를 처리한다 등을 생각해볼 수 있다. 사회가 복잡해지고 기존 야경국가에서 행정국가·복지국가로 정부의 역할도 확대되어오면서 정책을 집행하기 위한 관리적인 측면뿐만 아니라 의제 설정에서 평가에 이르는 정책 과정상의 모든 활동이 행정의 범주에 포함되었다. 그리고 관료의 영향력도 그만큼 확대되어왔다.

관료제가 국가 발전을 견인하는 주 역할을 한 것은 사실이지만 공직사회의 여러 문제를 배태한 것도 사실이다. 형식주의, 선례 답습, 직위를 이용한 이른바 '갑질', 개인의 창의성 발휘 곤란, 부처 할거주의 등의 문제들이 그 예다. 관료의 역할이 점차 확대되고 있는 시대 흐름 속에서 과연 미래에도 현재와 같은 관료제 시스템을 유지할 것인지 질문을 던지지 않을 수 없다. 장점을 살리고 단점을 줄이며 진화하지 않으면 공동의 죽음을 맞이할 수 있는 것이 자연의 이치가 아니겠는가. 행정administration의 어원을 살펴보면 라틴어의 'ad(~으로, ~에)'와 'ministratio(봉사)'라는 두 단어가 결합된 말이라고 하는데 봉사라는 어원의 의미가 오늘날 공직사회에 제대로 작동하고 있는지 돌아본다. 게다가 공공행정public administration이 아니던가.

관료제의 단점은 상당 부분 인공지능을 통해 해결하는 시대가 올 것이다. 이세돌과 알파고의 바둑 대국을 계기로 인공지능에 대한 관심이 높아졌는데, 법과 규정에 정해진 대로 일상적인 정책을 결정하고 집행하는 것은 오히려 로봇이 사람보다 더 잘해낼 수 있을 것이

정부서울청사에서 열린 공직사회 미래를 논의하는 인사비전 2045 이슈 발표회.

미래학자인 짐 데이터 교수와의 대담.

다. 기업에서 인사를 맡아보던 시절, 재량이 있는 업무에는 가급적 이성적·합리적 성향이 강하다고 판단되는 여성을 배치시키곤 했었는데, 이와 비슷한 이치라고 보면 될 것 같다. '갑질'이나 '무사안일'을 일삼는 공무원을 인공지능 로봇이 대체해 보다 효율적으로 행정을 처리할 시대가 머지않았다. 특히 민관 간 교류와 접촉이 확대되고 있기 때문에 공사 영역 간 행정의 차이를 해소하는 효율적 운영 측면이 더욱 강조될 것이다.

그러면 관료제가 미래에는 아예 필요가 없을까? 민주주의 체제가 존속해 법에 의한 통치, 즉 법치주의가 살아 있다면 아마도 법과 규정에 의한 업무 처리를 특성으로 하는 관료제적 시스템은 지속되리라 본다. 그 자리를 인공지능 로봇이 대신할 뿐이다. 그렇다면 인간을 필요로 하는 행정 영역은 어디일까? 로봇이 대체한 영역을 넘어 인간은 어떤 역할을 맡을 수 있을까?

관료제, 행정이 미래에도 변함없이 추구할 가치가 무엇인지 생각해보면 미래의 관료제, 인간이 맡을 행정의 영역이 어떤 모습일지를 그려볼 수 있다. 그 지향점은 헌법에 잘 나타나 있다. 우리 헌법은 대한민국의 주권은 국민에게 있고 모든 권력은 국민으로부터 나온다, 공무원은 국민 전체에 대한 봉사자이고 국민에 대해 책임을 진다고 규정하고 있다. 국민이 주인인 국가에서 국민을 위해 서비스하고 국가를 발전시키는 일은 미래에도 변하지 않을 행정의 역할, 관료제의 존재 이유가 된다.

인간만이 해낼 수 있는 미래의 신新관료제는 어떤 형태여야 할까?

국민에 대한 책임의식을 갖고, 가치판단을 할 수 있으며, 기계가 수행해내기 어려운 윤리적 측면의 판단을 인간이 할 수 있으리라 우선 생각해볼 수 있다. 따라서 신관료제의 인사는 감수성과 사색 능력을 겸비하고 창조적 파괴를 감행할 수 있으며 급변하는 환경에 적응력을 지닌 인재상을 수립해야 한다. 거기에 적합한 인재를 어떻게 선발하고 양성할 것인지, 인간은 공직의 어느 분야를 맡아서 수행해야 할지 설계해봐야 한다. 로봇을 통해 저비용 고품질의 행정 서비스를 공급하되, 관료 집단은 창의적 사고를 통해 더 나은 행정 시스템으로의 개혁을 시도한다거나 국민의 아픈 곳과 어려운 부분을 따뜻한 감성으로 살펴주는 역할에 집중한다는 구상을 해볼 수 있다.

이제는 관료제 패러다임의 전환이 필요하다. 관료들이 도맡아온 영역에 대한 도전이 시작되었다. 무사안일, 갑질이 아닌 효율적 행정, 효율적 운영이 도입된다. 관료제를 넘어 새로운 관료제의 모습을 그려볼 때다. 파괴적 창조가 요구되는 시점이다. 관료제의 창조적 해체는 어떤가? 틀려도 좋다. 오늘의 틀을 가지고 내일의 현상을 해결할 수 있을까? 이대로, 그대로, 영원히 계속 갈 것인가? 미래의 관료제는 인간만이 지닌 고유한 능력을 발휘하는 체제로 변모해갈 것이다.

04

—

속도의 시대,
심플이 답이다

세상은 빠르게 변하고 있다. 기업의 흥망을 보면 쉽게 감을 잡을 수 있다. 삼성 갤럭시의 휴대폰 시장 점유율은 IMF 직후 10위권 안팎에 머무는 수준이었지만 2010년 이후 세계 최고 수준으로 성장했다. 그렇게 성장하는 동안 1위와 10위권에 있던 세계적 기업들은 다 어디로 갔을까? 순위가 뒤바뀐 것일까? 아니다. 그들은 시장에서 모두 사라졌다. 망한 것이다.

세계 최고를 찍은 기업이라 해서 그 자리를 유지한다는 보장은 없다. 모 기업은 2013년 영업 이익만 25조 원을 기록한 이후, 2014년 15조 원 그리고 2015년 10조 원으로 하향 곡선을 그리고 있다. 전례 없는 위기라 비상체제라고 한다. 그도 그럴 만한 것이 중국의 화웨

이, 샤오미 같은 기업이 가파른 상승세로 부상하고 있기 때문이다. 모 기업 역시 시장에서 사라진 수많은 기업 중 하나처럼 되지 말라는 법이 없다. 미국 경제전문지 〈포춘Fortune〉 선정 50대 기업의 4분의 1이 10년 사이에 교체되었고 한국의 30대 기업도 IMF 이후 반 이상 바뀌었다고 한다. 우리는 정말 '졸면 죽는' 그런 무서운 시대를 살고 있는 것이다.

세상은 이처럼 빠르게 변하고 있다. 속도의 시대다. 우리 공직사회는 그 속도에 얼마나 적응하고 있을까? 그리고 의사결정의 과정은 어떤가? 각 조직의 역할과 기능은 그대로 둬도 괜찮을까? 규제의 현실은 어떠한가? 이 속도로 가도 괜찮은 것일까?

공무원 인재 개발법을 개정하는 데에 근 1년이 걸렸다. 정부가 법률을 개정해야겠다는 필요를 느끼면 개정 계획을 수립해 법령안을 입안하고 관계된 기관과 협의해 입법예고를 한다. 그 후 규제심사, 법제심사 등 내부 절차를 거쳐 차관회의와 국무회의를 통과하면 국회로 개정 법률안을 보내고 상임위원회 입법조사관과 수석전문위원에게 개정 법률안의 취지와 내용을 설명한다. 상임위원회에 안건이 상정되면 전체 회의와 법안심사 소위원회에서 의원들의 질의에 대응하고 상임위원회를 통과하면 법제사법위원회를 거쳐 본회의까지 통과되어야 공포안이 다시 정부로 이송되어 온다. 국무회의에서 공포안을 통과시키면 그때 개정된 법률이 시행된다.

예산도 마찬가지다. 처 내에서 자체적으로 예산안을 편성한 후,

기획재정부 예산실의 심의를 거쳐 국회로 넘어가면 상임위, 예결위를 거쳐 본회의를 통과해야 한다. 공직이기 때문에 효율성만으로 재단할 수 없다는 점은 잘 알고 있다. 하지만 모든 사안을 획일적인 기준에 따르도록 하는 것은 개선할 여지가 있지 않을까?

이제는 정부 규모가 워낙 커졌기 때문에 의사결정 시스템의 속도도 빠르게 유지되도록 신경 써야 한다. 부처 간 칸막이와 이해 조정 방식에 대해서도 생각해봐야 한다. 늦은 결정과 빠른 결정을 구분해서 조정하고 빨리 갈 수 있는 것은 빨리 가도록 나눠 생각해봐야 한다. 경중완급輕重緩急을 조절해야 하는 것이다. 사회의 스피드 문제에 대해 생각해야 한다. 지금은 늦고도 복잡하다. 문제를 알면서도 이 스피드로 계속 가도 괜찮을까?

의사결정의 절차를 단순화시킬 수 있는 것은 단순하게 가다듬어야 한다. 규제의 공화국이라고들 하는데 들여다보면 신뢰 부족의 제도가 만연하다. '구더기 무서워 장 못 담그는' 현상이 곳곳에 퍼져 있다. 관료의 힘을 유지하기 위한 규제도 상당하다. 규정을 개선하려는 의지 없이 케이스를 규정에 갖다 맞추는 '프로크루스테스의 침대' 같은 현상도 만연해 있다. 이 모든 현상이 우리의 경쟁력을 저하시키고 일의 속도를 떨어뜨리는 주요인이다.

이제 패러다임이 변했다. 더 이상 정부가 국가 경제를 이끄는 시대가 아니다. 민간이 주도하고 있는 시장을 지원하고 돕겠다는 마인드로 정보를 오픈하고 민간의 눈높이에 맞춰 스피드를 끌어올리고 절차를 단순화시켜야 한다. 그리고 규제 개혁이 그 핵심이다. 공직이라 그렇다는 점은 이해한다. 하지만 이제 돌아봐야 한다. 관심 없이 늘 하던 대로 해온 것들을 이제는 내일을 위해 바꿀 필요가 없는지 면밀히 검토해봐야 한다.

05

12시를 향해
달려가라

나는 배우 김명민을 좋아한다. 김명민이라는 배우를 떠올리면 그가
배역을 맡았던 드라마 〈베토벤 바이러스〉의 '강마에'가 보이고, 〈하
얀 거탑〉의 '장준혁'이 보인다. 연기력 비결을 묻는 어느 인터뷰에서
김명민은 무거운 캐릭터를 맡게 되면 자기 자신까지도 황폐해질 정
도로 그 인물에 집중한다고 말했다. 루게릭병 환자 역할을 맡았던 영
화 촬영 전에는 무려 30킬로그램의 체중을 감량했다고 하니 그의 배
역 몰입 노력이 얼마나 대단한가. 자기가 맡은 역할에 자기 이름을
걸고 혼신의 힘을 다하는 것이다. 그런 노력들이 있었기에 배우 김명
민을 떠올릴 때 그가 맡은 다양한 배역들이 자연스레 오버랩되는 것
이 아닐까.

영화를 보며 배우의 연기 몰입도에 감동하거나 실망하는 것처럼 일로 사람을 만날 때도 그가 얼마나 일에 몰입하고 있느냐에 따라 그 일이 잘 풀릴지, 어렵게 될지 엿보일 때가 많다. 지금 우리가 하고 있는 일은 '시키니까 해야 하는 일'인가, 아니면 '잘돼야 하는 일'이기에 하는 것인가, 일이 성공했을 때의 '기쁨을 맛보기 위해서' 하는 것인가. 일을 할 때 스스로에게 자문해보라. '나는 진심으로 내가 하는 일을 어떻게 만들고 싶으며, 어떤 노력을 하고 있는 것일까?'

시장에 가면 비슷한 물건을 파는데도 장사가 잘되는 가게가 있고, 안 되는 가게가 있다. 사과 한 개를 팔더라도 정말 팔고 싶은 마음이 간절한 주인은 그 자세가 다르다. 새벽 시장에서 조금이라도 더 맛있는 상품을 찾기 위해 발품을 팔고, 어떻게 하면 상품을 좀 더 손님 눈에 잘 띄게 할까 고민하고, 지나가던 손님도 되돌아오게 만들 멘트를 준비한다. 내 상품이 가장 빛날 수 있도록 노력하는 것이다. 이러한 간절함은 어디에서 오는 것일까?

12시, 정오가 되면 해는 하늘 가장 높은 곳, 우리 머리 위에 떠 있다. 아침 시간, 자기 키보다 훨씬 더 길었던 그림자는 점점 짧아져 12시가 되면 우리 발밑에 숨어버린다. 내가 하는 일을 잘되게 하고 싶다면 혼신의 힘을 다해 그 일을 빛나게 만들어라. 이 일을 하면 무엇이 달라지는지, 뭐가 좋아지는지, 이 일을 통해 우리가 어떻게 더 나은 단계로 가는지 그 빛을 보여줘야 한다. 그림자만 잔뜩 보이는 일에 누가 마음을 뺏기고 기대를 하겠는가. 빛이야말로 일을 이루고자 하는 열정이며, 최종역이며, 또 가고 싶은 그곳이다.

배우 김명민의 무명 시절을 멋지게 딛게 한 것은 배역에 대한 몰입, 혼신의 힘을 다한 '주인의식'이었고 그것이 그에게 빛나는 인생을 선물하지 않았겠는가? 그림자보다는 빛을 보며 12시로 가고자 했던 그의 열정이 없었다면 지금의 그가 있었을까? 20~30년 후 자신의 삶을 되돌아볼 때 전설처럼 이뤄낸 지금의 일이 스냅숏Snap Shot으로 그려질 것을 상상해보라. 자, 이제 전설이 되고 싶다면 그리고 빛나는 사람이 되고 싶다면, '나의 일'이라는 배역에 자신의 이름을 걸고 12시를 향해 달려가라!

06

휴가의
경제학

대한상공회의소와 맥킨지의 〈한국기업의 조직건강도와 기업문화 종합보고서〉에 따르면 우리나라 직장인은 주 5일 중 평균 2일 이상 야근을 한다고 한다. 대한민국 직장인들에게 '번아웃 증후군'은 이미 낯선 용어가 아니다. 실제 2014년 기준 대한민국 전체 취업자 연간 근로시간은 2,124시간으로 OECD 32개국 중 멕시코 다음으로 많았다. OECD 전체 1인당 평균보다 연간 390시간(약 48일), 최단 근로시간의 독일에 비하면 연간 753시간(약 94일)을 각각 더 일한 셈이다. 한편 글로벌 온라인여행사 익스피디아가 2015년 실시한 26개국 직장인 대상 유급휴가 사용 실태에 대한 설문조사 결과에 따르면, 한국 직장인은 2015년 한 해 6일의 유급휴가를 사용했다. 26개 조사 대상

국 중 열흘 미만의 유급휴가를 쓰는 유일한 나라이며 세계 평균의 3분의 1, 최대 30일의 유급휴가를 사용하는 프랑스나 핀란드 등의 5분의 1 수준에 불과하다고 한다. 참으로 쉬지 않고 열심히 일하는 나라다.

위에서 나열한 숫자를 어떻게 이해해야 하나? 한국 직장인은 세계적으로 '근면 · 성실의 표상'이라며 자랑스러워해야 하나? 과연 이것이 바람직한 현상일까? 단순히 근로시간이 많고 휴가를 적게 쓰는 것이 문제라고 지적하려는 것은 아니다. 문제의 심각성은 장시간 근로로 인한 피로도 증가가 직무에 몰입을 떨어뜨려 생산성을 저하시키고, 낮아진 생산성은 다시 산출 목표 달성을 위해 장시간 근로를 유발하는 악순환을 초래한다는 데 있다. 실제 2013년 기준 우리나라의 시간당 노동생산성은 29.9달러로 OECD 34개국 중 25위에 불과했다. 비효율적 근무 방식의 폐해는 각종 국가 비교 지표에서도 드러난다. 2015년 IMD 국가경쟁력 순위에서 대한민국은 61개국 중 25위에 불과하다. 정부효율성 28위, 기업효율성 37위의 수치는 국제적으로도 국가경쟁력을 떨어뜨리는 주요 요인으로 작용하고 있다.

이 시점에서 나는 휴가의 경제학, 일자리 만들기 정책을 제언하고자 한다. 2016년 3월 청년실업률은 11.8%로 역대 3월 통계 최고치를 경신했다고 한다. 국가 정책의 최우선 순위인 일자리 창출을 앞서 얘기한 장시간 근로 관행 및 낮은 생산성 현상과 연계해서 해결해보자는 말이다. 결론부터 얘기하자면 휴가를 다 쓰자는 얘기다. 단순히 일일 근로시간의 축소를 통한 일자리 나누기는 생산성을 더욱 떨어뜨리고 비용의 증가를 초래하기가 쉬운 반면, 휴가의 소진을 통한 일자리 만들기는 휴식과 복지를 통해 일과 삶의 균형, 생산성 향상뿐만 아니라 좋은 일자리 나누기와 내수 진작까지 기대할 수 있는 효과가 있다. 일을 '그저 열심히 하는' 패러다임에서 일을 '잘하는' 패러다임으로 인식을 전환하고 휴가의 경제적 효과도 함께 생각해보자는 것이다.

일단 첫 스텝은 근무혁신을 통한 생산성 향상이다. 관행적이던 초과 근무를 계획적으로 실시하고, 불필요한 일을 줄여서 업무 프로세스를 효율화함은 물론이고, 연간 휴가 계획을 수립해 계획적으로 휴가를 가도록 하는 것이 핵심이다. 지금보다 더 많은 휴가를 쓰도록 권장하면 어떤 효과가 있을까? 우선 직장인들은 본인에게 주어진 휴가를 보다 알뜰하게 쓰기 위해 휴가 계획을 세우고 이를 실천하기 위해 근무시간을 스스로 철저히 관리하게 된다. 효율적으로 일하는, 이른바 자기주도적 근무 여건이 조성되는 것이다.

업무의 생산성이 높아지고 근로의 질 개선도 가능하다. 프랑스와 독일은 근로자가 휴가를 모두 사용할 수 있도록 유급 연차휴가의 보상비 전환을 법률로 제한하고 있고, 제너럴일렉트릭GE은 경영진을 비롯해 선임 전문직군 등 3만 명에게 무제한 휴가를 실시하고 있다. 많은 글로벌 기업들이 미래의 먹거리 창출을 위해 재충전의 시간을 주고 창의성을 발휘하도록 유도하고 있다. 인사혁신처도 2016년 2월 공직사회 근무혁신의 일환으로 '개인별 연간 연가사용계획'을 수립해 원하는 시기에 자율적으로 휴가를 활용하도록 함으로써 저비용 고품질의 휴가를 누리고, '일과 휴식이 조화를 이루는 근무 문화'를 조성하겠다고 밝혔다. 근무 시간을 단축해 생산성과 효율성을 높이고 근로의 질이 개선되어 다시 근무 시간을 줄여주는 선순환의 고리를 만들자는 취지다.

다음 단계는 휴가의 활성화를 통해 절감한 연가보상비 예산을 대체인력 채용에 활용함으로써 일자리를 확대하고 재생산하자는 것이다. 100만 공무원은 연평균 20일의 휴가 중 실제 10일 정도 사용한다고 한다. 100만 공무원이 잔여 휴가 10일을 모두 소진할 경우, 1년 근로일수를 250일로 잡아 단순 계산하더라도 4만 개의 풀타임 일자리 창출이 가능하다. 산술적으로 계산한 것과 실제와는 물론 차이가 있겠지만 공공기관과 민간 기업까지 확산할 때 그 효과는 더욱 커질 것임이 분명하다. 안주엽 한국노동연구원 선임연구위원이 〈월간 노동리뷰〉 1월호에 발표한 보고서 '적정 근로시간을 찾아'에 따르면, 연간 근로시간이 100시간 줄어들 때 15~64세 고용률이 1.56%p 상승하는 것으로 나타난다고 한다. 휴가를 잘 활용하면 생산성을 높이는 것은 물론이고 일자리도 창출하는 두 마리 토끼를 잡을 수 있는 것이다.

더욱 놀라운 것은 휴가의 효과가 여기서 그치지 않는다는 것이다. 휴가의 일상화는 내수 진작에도 도움이 된다. 휴가 활용이 문화, 관광, 자기계발 등으로 이어져 소비를 촉진하고 관련 산업 분야의 신규 일자리를 창출하는 등 추가적인 경제효과를 유발한다. 현대경제연구원이 2015년 임시공휴일(8월 14일) 지정에 따른 경제효과를 분석한 결과, 내수 진작은 하루 1조 3,100억 원, 관련 산업 분야의 취업 유발은 1일 4만 5,000명에 이를 것이라고 한다. 더 나아가 장시간 근로가 심혈관계 질환, 수면장애, 정신적 스트레스를 초래한다는 많은 연구 결과가 있음을 고려할 때, 휴가를 통한 충분한 휴식과 복지는 삶의 질을 높이고 건강한 100세 시대를 대비하는 데 도움이 될 것이다. 건강에 대한 자발적 관심과 노력의 증가는 자연스럽게 국가 차원의 건강관리 비용 감소로 이어진다.

이처럼 휴가의 일상화가 우리 사회에 던질 긍정의 연쇄 효과는 결코 가벼이 볼 수준이 아니다. 결코 일하지 말고 놀라는 이야기가 아니다. 일을 더 잘하기 위해 일부러 놀라는 이야기다. 적어도 눈앞에 바쁜 일을 놔두고 휴가 가겠다고 하는 사람은 우리 주위에 없지 않은가? 휴가 계획을 세웠다면 거기에 맞춰 업무 스케줄을 조정하는 것쯤은 기본이라 하지 않는가?

2000년대 초반 모 카드사에서 유행시켰던 TV 광고의 한 문구가 떠오른다. 희망과 절망을 동시에 불러일으켰던 그 광고 문구가 더 이상 헛된 구호가 아니길 희망하면서 다시 한 번 외쳐본다. "열심히 일한 당신 떠나라!"

07

청·해·진
프로젝트

연일 언론에 오르내리는 청년실업 문제에 대한 해법은 무엇일까. 이는 향후 10~20년간의 문제이고 선진국에서도 같은 문제를 가지고 있으며, 여기에는 구겨진 곳을 펴주는 다림질 같은 특별한 정책이 필요하다고 생각한다.

단기적으로는 이미 있는 일자리를 잘 찾아갈 수 있도록 하는 전국적 시스템 구축이다. 이미 정부기관이나 지자체, 각 대학에 취업지원센터는 무수히 많지만 원서를 100번 내고도 취업에 실패하는 사람이 있다고 하니 그 실제적 효과에 대해선 의문이 들 수밖에 없다. 각 취업지원센터를 유기화 및 블록화해 전국 일자리 검색 및 구인·구직자 간 필요한 스펙을 공유하고 효과적으로 일자리를 매치해 인력 수급 조정 역할이 가능하도록 해야 할 것이다.

한 해 대학 졸업자 수는 약 54만 명이고 사람들이 일반적으로 선호하는, 이른바 '좋은 일자리'는 7.4%에 불과하다. 구직자는 넘쳐나고 좋은 일자리의 개수는 한계가 있다. 중소·중견기업은 구인난에 허덕이고 있다. 무조건 좋은 일자리만 목표로 할 것이 아니라 본인의 위치를 명확히 알고 지원할 수 있게 유도하는 사회적 환경과 분위기로 눈높이의 미스매치를 줄여가야 할 것이다. 그리고 내실 있는 중소·중견기업의 실상을 적극적으로 홍보하는 것도 필요하다. 좋은 중소기업도 많다. 중장기적으로는 창조경제가 일자리 창출의 기폭제가 되어 많은 일자리가 만들어져야겠지만 대학을 먼저 바꿔야 한다. 지나친 대졸자 양성을 지양하고 앞으로 산업구조 변화에 따라 필요한 부문의 전문기술을 보유한 인력을 양성하기 위한 정책이 필요하다. 부실 대학의 구조조정 등으로 대학을 먼저 바꿔야 한다.

또한 청년실업 문제 해결을 위해 예전부터 생각해온 플랜이 있다. 이른바 '신新장보고 플랜'이 그것이다. FTA 체결을 통해 우리 경제 영토는 세계 3위인 73% 규모라고 하는데, 이제 'JOB 영토'도 세계 무대로 시야를 넓혀봐야 하지 않을까. '청년의 해외 진출', 앞 글자를 따서 '청해진 프로젝트'라고 명명해본다.

국내 일자리는 포화 상태다. 저성장 시대, 고령화로 인한 노인 빈곤과 은퇴 시기 연장 등으로 인해 국내에서의 새로운 일자리 창출은 한계가 있다. 즉 레드오션red ocean이다. 이제 눈을 돌려 새 시장을 바라볼 필요가 있다. 실제 글로벌 경제를 이끌고 있는 국가의 모범 사례들은 벤치마킹할 만하다. 전 세계 유태인 1,300만의 50%가 미국에 거주 중이고, 이들이 아이비리그의 30%, 노벨상 수상자의 23%를 점유하고 있다. 화교는 6,000만 명으로 추정되며 10억 달러 이상 부호의 15%가 중국인이라고 한다. 미국 실리콘밸리 기업의 3분의 1을 인도인이 창업했다는 통계도 있다. 남의 일만은 아니다. 우리에게도 신라방, 장보고 등 해외 진출의 역사가 있고 지금도 176개국에 700만 재외 동포가 살고 있다. 인프라가 있기에 우리도 충분히 해볼 만하다.

정부에서도 그간 청년들의 해외 진출을 돕기 위해 많은 예산을 투입했다. 각 부처별로 특화된 사업을 추진해왔는데, 각종 인프라를 구축한 성과도 있었지만 단기적이고 산발적인 지원으로 인해 양질의 일자리에 취업하는 데까지는 이끌어내지 못했다는 비판이 있다. 그래서 근본적이고도 장기적인 지원책을 강구할 필요가 있다. 기본적인 아이디어는 해외 진출을 꿈꾸는 청년을 조기에 발굴하고 '청해진 대학'을 설립해 국가 차원에서 이들을 장기적이고 체계적으로 양성해보자는 것이다. 크게 3단계로 나눠서 진행할 수 있다.

먼저, 구조조정이 필요한 권역별 중견대학을 10개 선정해서 해외 진출을 목적으로 하는 대학으로 특성화한다. 물론 특성화된 학과만 추가 개설할 수도 있다. 해외 유망 직종과 관련한 전공 학과를 개설하고 커리큘럼을 구성해 직종별로 특화된 교육을 시킨다. 장기적으로는 외국 대학과의 제휴를 통해 해외 현지에도 청해진 대학 캠퍼스를 창립할 수 있다.

학교가 설립되었다면 해외 진출에 대한 목표의식과 도전의식이 뚜렷하고 열정과 끼를 갖춘 고졸 예정자를 선발한다. 대학별 200명 수준으로 시작해서 10년 후에는 2,000명 수준까지 확대한다. 10개 대학이니 2,000명으로 시작해 2만 명 수준까지 확대하는 것이다. 이 것은 1년 이내로 지원하던 기존 사업과 달리 향후 20년을 내다보고 장기 프로젝트로 진행한다는 데에 의미가 있다. 4년간 학비의 50% 를 국비로 지원해주고 해외 취업 후 일정 기간 이상 근무한 자는 병역특례를 인정해주는 방안을 생각해볼 수 있다. 또 성과가 좋은 대학에는 재정 지원을 확대하는 인센티브도 줄 수 있다. 저학년 때는 영어와 기초 직무 역량을 높여주고 학년이 올라가면 전문 지식과 현지 어학 능력을 심화하고 자격증 취득을 유도한다. 그리고 졸업반이 되면 해외 인턴 등 현지 경험을 축적하고 정보를 수집해 해외 취업을 위한 구체적인 계획을 수립하도록 지원한다.

4년간 교육을 받았다고 하더라도 혼자서 다른 나라에 취업하기란 쉽지 않다. 우리가 가진 인프라를 적극 활용할 수 있다. 기존의 'K-MOVE 사업' 인프라가 잘 갖춰져 있으니 이를 활용해 멘토단 연결, 글로벌 기업 정보 제공, 동포 기업 일자리를 알선해줄 수 있고, 국가 간 자격 상호 인정이나 비자 발급 요건 완화와 같은 외교적인 지원도 검토해볼 수 있다.

청해진 대학을 통해 우리 청년들이 해외에서 활약하면 어떤 이점이 있을까? 청년실업자 5~10%(2~4만 명)가 해외로 진출해 국내 실업률이 하락하고 우리 청년들의 국제화 역량은 높아지게 될 것이다. 우리 아버지들이 독일에서 광부로 일하고, 베트남전에 참전해 국가에 도움을 주었듯이 외국에서 벌어들인 외화를 국내로 송금해 국제수지를 개선하는 일도 물론 가능하다.

이러한 플랜을 예전부터 주장해왔지만 사실 정부 정책에 반영하는 것은 쉽지 않았다. 하지만 정부에 들어와 일을 하면서 책임 있는 분들께 설명을 하고 요청 드리니 점점 정책이 구체화되기 시작했다. 결국 고용노동부를 중심으로 '청해진 대학'을 만들어 추진한다고 한다. 기쁜 소식임에는 분명하지만 그것이 단지 시작에만 그치는 것이 아니라 뿌리를 잘 내리고 제대로 싹을 틔웠으면 좋겠다. 사업을 성공적으로 추진하려면 디테일한 부분들에 신경 쓸 것들이 많을 것이다. 우리 공무원들이 사명감을 가지고 이 일을 제대로 잘 해내준다면 그보다 큰 보람이 어디 있을까 싶다.

국가의 벤처 정책은 창업 위주로 되어 있으나 그것만이 벤처는 아니다. 모험과 도전의 벤처정신은 취업에도 꼭 필요하다. '일자리 벤처'라는 시각으로 전환할 시점이다. 나는 '일자리 벤처'를 장기적으로 바라보며 해외 취업에 열정이 있는 유망 인재를 육성할 청해진 프로젝트를 제안한다.

다음으로, 대통령부터 기부를 시작해 화제가 된 '청년희망펀드' 이야기다. 정 · 관계, 재계 등 사회 지도층들의 참여가 줄을 잇고 펀드 활용 방안에 대한 기대와 우려, 각종 제언도 쏟아지고 있지만 논의의 초점은 국내 고용시장의 틀 안에 갇혀 있다. 대부분 '청년 고용 절벽' 해소 방안으로 노동시장 구조개혁, 서비스산업 위주로의 산업

구조 개편 등을 제시하며 이를 바탕으로 청년희망펀드의 운영 방향을 제시하고 있다. 하지만 정작 국내의 새로운 일자리 발굴은 쉽지 않다. 고령화로 인한 노인 빈곤, 은퇴 시기 연장 등으로 인해 청년실업 문제는 점점 가중될 전망이 우세하다.

청년희망펀드는 몇 가지 특성이 있다. 첫째, 사회지도층 인사가 참여한 민간 펀드이며 정부 사업과 중복되는 영역에서 활동하기 어렵다. 둘째, 국민적 지지를 바탕으로 지속적 기금 모금을 위해서는 명분, 목표, 추구할 가치가 있어야 한다. 셋째, 민간 펀드이기 때문에 정부 영역보다 활동 범위가 넓고 비교적 자유로운 의사 결정을 해나갈 수 있다. 따라서 바람직한 방향은 법률적 제약이 작으면서 종전에 볼 수 없던 영역을 추구해야 하고, '가치'를 투입해야 지속 가능한 기금 모집과 재단으로서의 영속성 보장이 가능하다. 국민적 지원이 있어야 지속 가능한 것이다.

그래서 청년희망펀드는 해외 일자리 개척을 하겠다는 정신과 열정을 지닌 청년을 지원하고, 해외 현지에서 진출자들을 연계해줄 민간 네트워크를 구축하는 데 활용되었으면 좋겠다. 정부 부문에서 직접 수행하기 어렵고, 우리 청년들이 해외로 나가 국가대표로 활약한다는 명분과 의미, 가치가 있으며 비교적 자유롭게 다양한 방식으로 기금을 활용할 수 있는 영역이기 때문이다. 이러한 지원이 효과를 보기 시작한다면 일회성 펀드가 아닌 지속적인 '국민의 펀드'로 자리매김할 수 있다.

첨언하자면, 국내 일자리 측면에서도 제로섬 게임의 성격을 띨 수

밖에 없는 특정 집단에 대한 지원보다는 일자리에 대한 사회적 인식 전환에 투자되었으면 한다. 일자리가 있어도 사람은 없다는데 이 부분이 바로 외국 인력이 지속적으로 유입되는 지점이다. 미스매치를 해소하는 것이 그나마 국내에서 일자리를 발굴할 수 있는 영역인 만큼 일단 준비된 상태에서 자신에게 맞는 직장에 도전하고, 그곳에서 능력을 발전시켜 더 발전된 직장으로 옮길 수 있다는 직업관의 변화 및 사회정신 운동이 필요하다.

3년을 홍콩, 5년을 뉴욕, 그리고 2년을 부에노스아이레스에서 근무하겠다는 꿈. 이렇게 국제무대에서의 활약을 꿈꾸는 청년들이 그 꿈을 계속 간직하고 있기를 바라는 마음이다. 그리고 안이를 뿌리치는 모험심과 두려움을 물리치는 용기, 신선한 정신으로 무장한 '청춘'들이 해외로 눈을 돌리고 진출하길 소망한다. 그래서 '청해진 프로젝트'와 더불어 청년희망펀드가 'N포세대'를 'N득得세대'로 바꿔주는 귀한 마중물이 되어주길 기대한다.

—

모든 길은
로마로 통한다

얼마 전 인터넷을 통해 이런 씁쓸한 이야기를 접했다. 연애, 결혼, 출산 포기를 의미하는 '3포세대'라는 말이 유행했던 것은 알고 있었지만 거기에 내 집 마련과 인간관계 포기를 더한 '5포세대' 그리고 희망과 꿈까지 포기한 '7포세대'라는 신조어도 나왔다는 얘기였다. 이는 요즘 우리 청년들이 진로와 미래에 대한 근심으로 그만큼 힘들어한다는 방증이다. 부모세대의 한 사람으로서 책임감을 느끼지 않을 수 없다. 모든 일에는 빛과 그림자가 있다. 그림자를 볼지 빛을 볼지는 각자 선택의 문제다. '7포'를 '7득得'으로 여러분은 바꿀 수 있다고 나는 믿는다. 그러니까 청춘이다.

'모든 길은 로마로 통한다'는 말이 있다. 세계를 제패한 당대 로마의 위세를 나타내기도 하지만 한편으로 목표를 달성하기까지 여러 방법이 있을 수 있다는 뜻도 있다. 인생도 마찬가지다. 수도 없이 많은 길이 있다. 여러분의 인생에 있어 로마는, 또 그 목표는 무엇인가? 인생의 로마로 갈 길은 정했는가?

인생의 목표를 정하고 본격적 걸음을 내딛는 순간이 바로 사회 진출의 시기다. 직업의 세계로 들어가 생존을 위한 경제활동을 시작하고 하나의 개인으로서 자립적 사고, 자립적 경제활동을 펼치게 된다. 어떤 직업을 선택하든 그동안 배우고 준비해온 기량을 발휘하게 되는 중요한 시기라고 할 수 있다.

그렇다면 어떤 직업을 가져야 할까? 흔히 하고 싶은 일, 좋아하는 일을 하라고들 한다. 그것도 방법 중 하나다. 하지만 하고 싶은 일에 성과를 거두거나 일정 목표를 달성하려면 특별한 재능을 타고났거나 각별한 노력과 인내가 뒷받침되어야 가능하다. 피겨 여왕 김연아는 1년에 1,700시간 연습하며 1,800번 이상 넘어졌다 하고 발레리나 강수진은 남들이 2~3주에 한 번 갈아 신는 토슈즈를 하루 4켤레씩 갈아신고 하루 19시간 연습에 몰두했다 한다. 또 아이돌그룹 EXO의 카이도 마찬가지다. 연습생 기간 춤 연습에만 2만 시간가량 투자했다는 얘기를 접했다.

이처럼 특별한 재능을 지닌 이들조차 피나는 노력과 장시간 투자를 통해 성공에 이를 수 있는데, 하물며 의욕과 노력만으로 이루려면 얼마나 많은 난관이 따르겠는가. 모 인기 오디션 프로그램에 200만 명 이상의 사람이 지원했다고 한다. 과연 거기서 몇 명이나 살아남을 수 있을까. 물론 하고 싶은 일을 직업으로 삼겠다는 그 의지는 박수를 받을 만한 것이지만 그 준비 과정에서 겪게 될 경제적 자립, 지나 보내야 할 수많은 시간들, 정신적 스트레스의 문제도 간과할 수 없다.

그렇다면 보다 바람직한 방향은 남보다 잘할 수 있는 일을 직업으로 삼는 것일 테다. 같은 시간을 투자해도 경쟁력이 있어 성과를 내고 시장에서 자신의 가치를 인정받아 적절한 보수를 받을 수 있다. 물론 잘하는 일과 하고 싶은 일 모두를 충족하는 직업을 가졌다면 정말 행복하고 대단한 사람이지만 그런 사람이 얼마나 될까. 자신을 냉정히 분석하고 비교해보라.

잘할 수 있는 일로 직업을 정했다면 현재 지닌 실력에 적합한 직장을 빠른 시간 내 구하는 것이 우선이다. 원하는 직장으로 갈 수 있는 사전 준비가 되어 있다면 바로 도전하면 되겠지만 만약 준비가 미흡하다면 현재 나에게 맞는 수준의 일을 구하고 그 일을 통해 실력을 키워 성과를 내는 것이 중요하다. 이를 통해 그 분야에서 인정받고 가고 싶었던 더 좋은 직장으로 이직할 수 있기 때문이다. 취업 재수, 삼수하다가 백수 되느니 이 방법이 훨씬 바람직하다. 성공한 많은 사람들이 이런 길을 걸어왔다. 다른 사람보다 잘할 수 있는 일이기 때문이다.

이 글을 읽는 여러분은 어떠한가? 자신에게 물어보라. 어떤 직업을 갖고 싶은가? 나는 그 일을 하고 싶은 것인가, 잘할 수 있는 것인가? 내가 원하는 것에 대한 준비는 되어 있는가? 나는 재도전할 용기가 있으며 성취를 위한 준비를 하고 있나?

내 인생은 내 것이다. 이제 사회로 진출하게 되면 선택 또한 자신의 몫이다. 여러분은 인생의 로마로 가기 위해 어떤 길을 택하겠는가. 이 질문들에 대한 스스로의 대답이 바로 여러분이 가야 할 그 길일 것이다.

왜 공무원을
꿈꾸는가

사람들은 흔히 공무원이 좋은 직업이라고 말한다. 배우자 직업 선호도도 높다. 혹 공무원이 되고자 하는 사람이 있다면, 먼저 자신이 공무원을 준비하려고 하는 이유가 무엇인지 진지하게 고민해보길 바란다. 직업을 선택하는 과정은 가장 먼저 자기 자신을 파악하는 것, 즉 자신이 '하고 싶은 일'과 '잘하는 일'이 무엇인지를 찾는 것에서부터 출발한다. 자신이 하고 싶은 일과 자신이 잘하는 일이 일치한다면 그것은 최고의 선택이 될 것이다. 나는 공무원을 '잘할 수 있는가', 아니면 나는 공무원을 '하고 싶은가'에 대해 충분히 고민해보는 것이 중요하다.

다음은 공직을 준비하는 동기가 무엇인지, 즉 나는 신분이 보장되고 안정적인 경제생활을 누릴 수 있기 때문에 공무원이 '되고자 하는 것'인지 아니면 공무원을 '하고자 하는 것인지' 자기 자신에게 물어보고 답을 찾아보는 과정이 반드시 필요하다.

공무원을 하고자 하는 사람은 공무원의 장점만을 바라보지 않고, 국가와 국민을 위해 헌신하고 봉사하겠다는 확고한 공직 가치와 더불어 공무원이 되어 그 무언가를 이루겠다는 뚜렷한 목표의식을 갖고 있어야 한다. '공무원을 하고자 하는 것'이 무슨 의미인지, 국민과 미래 세대가 원하는 공무원상이 무엇인지는 최근 33년 만에 새로이 태어난 〈공무원 헌장〉에 담겨 있다. 여기에는 국가에 헌신하고 국민에게 봉사하는 공무원 본연의 자세와 국가관, 공직관, 윤리관 등 미래 대한민국을 이끌어갈 공무원상이 제시되어 있다. 여러분들이 공직을 준비하는 과정은 이러한 미래의 공무원상을 내면화하고 실천해나가는 과정이라는 점을 명심해야 한다.

세계는 지금 무한경쟁 시대를 맞이하고 있다. 15년 후에는 지금 일자리의 절반(20억 개)이 사라질 예정이고, 10년 후 일자리 중 60%는 아직 태어나지도 않았다. 세계적 무한경쟁 시대, 글로벌 일자리 전쟁 시대에 공무원이라는 직업도 영원하리라고는 누구도 보장할 수 없다. 새로운 시대를 맞이해 미래를 대비하는 지금의 공직사회는 국민을 섬기는 공무원, 미래를 바라보며 세계와 경쟁하는 공무원을 원하고 있다.

따라서 공직사회의 미래를 책임질 여러분들은 자신이 하고 싶은 일을 누구보다도 잘 수행하기 위해 지금부터 실력과 경험을 쌓아나가야 한다. 예비 공무원으로서 업무를 수행함에 있어서 항상 국가와 국민을 먼저 생각하는 위국보민형 인재가 되어야 함은 물론, 자신의 업무 분야에서의 전문성, 세계 어느 나라의 공무원과 겨뤄도 뒤처지지 않을 글로벌 경쟁력을 갖춰야 한다. 지금과 같은 글로벌 경쟁 시대에 공무원이 국가를 수호한다는 것은 영토를 지킨다는 개념을 넘어 자신의 위치에서 자기가 맡은 업무에 최선을 다한다는 것을 의미한다.

공직은 국가 발전에 기여하고 국민을 행복하게 만들 수 있는 곳이다. 여러분의 재능과 창조성을 발휘해 '22세기 위대한 대한민국'을 실현할 수 있는 소중한 기회를 얻을 수 있는 자리다. 공무원으로서 자신이 한 일을 통해 국민들을 행복하게 만들 수 있고, 대한민국의 역사에 자신의 이름을 남길 수도 있다. 공직을 준비하는 고된 과정 속에서 긍정적인 생각과 자신감을 가지고 스스로에 대한 믿음과 공무원을 하고자 하는 초심을 잊지 않고 달려간다면 원하는 공무원을 반드시 '할 수 있을' 것이라 생각한다.

09

—

언론의 새 역할에
대하여

언론은 매체를 통해 사회의 이슈를 대중에게 알리고 특정 사안에 대한 여론을 형성한다. 민주주의 사회에서 언론은 책임성의 문제로부터 상당히 자유롭지만, 여론을 형성하고 권력을 감시하며 비판하는 역할은 그 영향력이 대단하다. 그래서 언론을 '선출되지 않은 권력'이라고도 한다. 언론사에 들어가기가 어려워 젊은이들 사이에서는 언론고시라는 표현도 통용된다. 우리나라 언론은 분명 우수한 인재들이 많이 모여 있는 집단이다. 이들을 만나며 우리 언론이 과연 앞으로 어떤 역할을 해나가야 하는지 이런저런 생각을 정리할 수 있었다.

자주 들었던 한 가지 생각은 언론도 이제 양비론을 균형 잡힌 시각이라 간주해서는 안 된다는 것이다. 상대주의 관점에서 다양한 입장을 소개하는 것을 이해할 수는 있지만, 근거나 타당성에 있어 현저히 차이 나는 의견을 서로 비견될 만한 입장으로 논한다든지 1대 9의 비중을 마치 5대 5인 양 '중립적(?)'으로 보도하는 것은 결코 균형 잡힌 시각이라 보기가 어렵다. 어느 사안이든 빛과 그림자의 양면성은 있는 것이다. 어디에 방점을 둘지를 생각하지 않고 양쪽 의견을 동등하게 다루는 것이 과연 언론의 사회적인 책임성을 다하는 바람직한 모습이라 평할 수 있을까. 물론 언론은 정보를 제공할 뿐이고 판단은 국민이 하는 것이라고도 할 수 있겠지만 언론은 우리 사회를 이끄는 리더 집단 중 하나가 아닌가.

언론은 여론을 계도하는 기능이 강해져야 한다. 고발과 비판 위주 보도도 필요는 하지만 그보다 국가와 사회가 나아갈 방향을 선도하는 기능이 더 강해져야 한다. 그래서 사안에 대해 판단을 하고, 국가와 사회가 어떻게 하면 더 좋아질지에 대해 고민해야 한다. 국민 여론을 반영하는 것도 언론이지만 반대로 언론 매체를 통해 여론이라는 것이 만들어지고 재생산되기도 하지 않는가. 언론은 사회적인 책임의식을 가지고 이른바 펜의 날카로움을 유지하며 갈고닦아야 한다. 나아가 비판에서 그치는 것이 아니라 대안을 제시하고 미래를 이야기해야 한다.

언론의 미래에 대해서도 고민해봐야 한다. 사실 전통적인 개념의 언론은 정부 정책이나 사건 사고 등 뉴스를 국민에게 전달하는 매개의 역할을 했다. 하지만 주지하다시피 언론을 둘러싼 환경은 급속히 바뀌고 있다. 정부가 언론을 통하지 않고 국민과 직접 소통할 수 있는 수단이 다양해지고 있다. 페이스북, 트위터 등의 SNS뿐만 아니라 정책 모니터단, 국민자문단 등등 다양한 이름과 형태로 국민과 함께 하는 장이 마련되고 있다. 이러한 변화 속에 언론의 역할도 새로이 자리매김할 필요성이 증대되고 있는 것이다. 앞으로 언론의 새로운 역할에 대해 함께 고민해봐야 하지 않을까.

한편 공직사회도 언론을 대하는 패러다임을 바꿀 필요가 있어 보인다. 그동안 공직사회는 언론에 대해 다소 방어적으로 대해온 것이 아닌가 싶다. 홍보할 사항은 보도자료를 내고 브리핑하는 정도로 알려왔고 그 내용도 화자 중심인 경우가 많았다. 국민이 궁금해할 내용보다는 정부 입장에서 홍보하고 싶은 사항 위주로 알려온 것이다. 그런 보도는 언론에서 관심을 보이지도 않는다. 언론에서는 국민들이 관심 가질 사항과 관심 갖지 않을 테마를 가장 잘 파악하고 구분하기 때문이다. 그리고 화자 중심으로 홍보하다 보면 언론과 제대로 소통이 되지 않아 오보를 양산할 가능성도 있다. 정부 정책이 효과를 얻기 위해서는 국민이 알 때까지 궁금한 부분 위주로 홍보해야 한다. 공급자 중심의 홍보는 이제 그만하고 수요자 입장에서 알기 쉽고 눈길을 끌 수 있게끔 알리는 것이 중요하다. 국민이 모르는 정책은 소용이 없다.

언론의 지적과 비판에 일희일비할 필요도 없다. 조금 시끄러워도 괜찮다. 나아가는 방향에 대한 확신을 갖고 추진하다 보면 잡음이 날 수도 있다. 오히려 언론에서 화제를 삼아주면 인사혁신처의 업무는 지지 동력을 확보할 수 있다. 국민들은 공직사회의 혁신 필요성에 대해 공감하기 때문이다. 인사혁신처 일을 시작하려고 보니 그동안 공무원 인사 문제에 대한 언론의 관심은 그다지 크지 않았던 것 같았다. 오히려 민간 출신이 정부 부처 수장이 되었다는 데에 포커스를 맞춘 취재가 많았다. 정부 내부에서 혁신 동력을 확보하는 일도 물론 해야 했지만 쉽지 않았고, 언론을 통해 이슈를 만들고 공론의 장에 자주 등장하게끔 하는 전략이 필요해 보였다. 그래서 공직사회 내에서는 언론에 대해 가까이 해서도, 멀리 해서도 안 된다는 뜻에서 '불가근불가원不可近不可遠'이라는 말도 돈다 했지만 기자들과도 적극적으로 교류하며 우리가 하고 있는 일을 알리려고 노력했다.

우리는 국민의 눈높이에 맞는 공직사회를 지향한다. 그리고 언론은 국민의 의견을 가장 가까이에서 다루는 곳이다. 언론과 정부는 '불가근불가원'이 아니라, 서로 소통하면서 우리나라를 더 살기 좋은 나라로 만들기 위한 의견을 함께 모으고 국민의 눈높이에 맞춰 우리 사회를 잘 가꿔나가야 하지 않을까.

종이신문 읽기를 권하며

스마트폰에 익숙한 요즘 세대는 종이신문을 잘 읽지 않는다고 한다. 스마트폰으로도 뉴스를 볼 수 있기 때문에 문제없다고도 한다. 세상이 빠르게 변화하고 있는 것은 사실이지만 신문 읽기의 중요성은 여전히 강조할 만하다.

신문은 스마트폰 뉴스와 달리 기사의 경중을 한눈에 들여다볼 수 있다. 글씨 크기, 기사 배치, 분량 구성, 타이틀과 사진의 조합 등을 통해 편집 방향과 그 매체가 초점을 두고 있는 메시지를 입체적으로 파악할 수 있는 장점이 있다. 모든 기사가 평면적으로 동등하게 올라오는 인터넷 기사나 스마트폰 어플과는 차별성이 있는 것이다.

내가 어렸을 때는 읽을 것이 별로 없어 아버님이 가져오시던 신문을 기다리다 반갑게 읽었다. 그렇게 종이신문을 즐겨 읽던 나는 그것이 습관이 되어 지금도 매일 5~6개의 신문을 읽곤 한다. 50년은 본 것 같다. 그러다 보니 빠른 시간 안에 여러 신문을 훑어보는 안목이 생긴 것 같다. 사회 이슈에 대해 항상 깨어 있을 수 있고 경중을 가려 판단하는 주관이 생겼다. 진로를 고민하는 우리 청년들도 스마트폰 뉴스도 좋지만 종이신문 읽기를 한번 실행에 옮겨보기를 추천해본다.

10

연금 4종 세트에
가입하자

곳곳에서 '100세 시대'라는 말이 들린다. 인구 구조가 급속히 고령화됨에 따라 노후 생활을 어떻게 준비할지 너 나 할 것 없이 고민이 많다. 노후 준비의 기본은 이른바 '연금 3종 세트'라고 칭하는 국민연금, 퇴직연금, 개인연금에 가입하는 것이라고도 한다. 나는 이 연금 3종 세트에 '효도연금'을 더한 '연금 4종 세트'를 제안한다(정치권에서 논의된 바 있는 효도연금과는 관계없는 임의의 명칭임을 밝혀둔다). 노후 준비를 위해 여러 모로 쓸모 있는 프로그램이니 생각을 나눠봤으면 한다.

골자는 이렇다. 자식들이 장성해 직장에 취업하게 되면 부모와 자식 간에 약정을 맺어 자식 월급의 10%를 부모에게 매월 드리도록 하는 것이다. 자식이 결혼하게 되면 사위나 며느리 월급에서도 10%를 받는다. 물론 양가 부모님을 동일하게 대우한다. 이렇게 되면 부모들은 자기 자식에게 10%, 사위나 며느리로부터 10%를 받는 셈이 된다. 처음 들으면 생소할 수 있지만, 이 프로그램이 주는 다양한 효과를 들어보면 생각이 달라질 것이다. 부모와 자식 모두에게 상호 이익이 되는 효과가 있기 때문이다.

먼저, 표면적으로 드러나는 효과다. 부모 입장에서 이 효도연금은 자녀가 승진을 하거나 연봉이 오르는 등 좋은 일이 생길 때마다 받는 액수가 함께 늘어난다. 은근히 승진하거나 봉급이 오르기를 부모 자식 모두 기대하며 흐뭇해하거나 자랑스러워할 것이다. 물가상승률도 자녀 임금에 반영되기 때문에 커버된다. 자녀가 직장에 다니는 한 끊어질 염려가 없는 평생연금이다. 자녀가 결혼하면 2배가 되고 자녀가 많으면 많을수록 늘어난다. 자녀가 5명이면 완전 성공한 연금 계획이 된다. 자녀 입장에서는 효도라는 무형의 자산을 얻을 수 있다. 혹여 부모에게 자산이 좀 있다면 내 몫에 대해 은근히 할 말도 생긴다. 가용 소득이 줄어드니 씀씀이가 헤프지 않고 알뜰하게 절약하는 태도가 몸에 밴다. 즉 자산을 컨트롤하는 능력이 배양된다.

이보다 더 중요한 효과가 있다. 금전을 주고받는 행위에 그치는 게 아니라, 이 효도연금을 통해 매월 한 번 이상 부모와 자식 간에 주기적인 커뮤니케이션을 하게 된다. 자식은 부모에 대한 생각이 깊어지고, 부모는 자식에 대한 고마움과 애정이 더해진다. 효도를 가르치고 실천하는 행복한 가정을 그려볼 수 있는 것이다. 이보다 더 좋은 사회 안전망을 어디서 찾아볼 수 있겠는가?

다만, 이 효도연금의 효과를 제대로 누리려면 몇 가지 주의사항을 알아둬야 한다. 첫째, 자동이체가 아니라 얼굴을 마주하며 현금으로 주고받아야 한다. 둘째, 조기 징수만이 장기 징수를 담보한다. 첫 직장을 잡자마자 약정을 맺어야지 나중에는 받기 힘들다. 자녀들도 취업 초기에는 부모가 키워준 데 감사하며 기꺼이 약정에 응할 것이다. 자녀가 성장하는 과정 중에 미리미리 얘기해둔다면 보다 확실한 이행을 담보할 수 있다. 셋째, 자식이 결혼할 때 배우자에게도 10% 납부 약정 서약을 받아야 결혼을 허한다.

엉뚱하게 들릴지 모르는 효도연금. 내 제안으로 이를 시작하는 주변 사람이 늘고 있다. 한결같이 부모와 자식 간 관계가 돈독해졌다고 말한다. 상호 실익이 있으니 지속 가능한 일일 것이다. 지금 와서 생각해보면 젊은 시절 어머니께 매달 용돈을 드리지 못했던 것이 후회된다. 용돈을 드리면 어머니는 늘 더 많은 것들로 돌려주시곤 했다. 비단 내 어머니뿐이랴…. 우리에게 받은 것들을 당신들을 위해 쓰지 않고, 늘 그 몇 배로 자식들에게 돌려주심을 우리는 잘 알고 있지 않는가. 그래서 우리는 부모님 생각만 하면 가슴이 먹먹해지지 않는가. 효도연금은 부모만을 위한 프로그램이 아니다. 고령사회에 대비하고 화목한 가정을 회복하는 시작이다. 이것은 단지 꿈일까? 한번 해보면 생각이 달라질 것이다.

11

—

허물은 있어도
사심은 없다

주류와 비주류. 직장 생활을 하는 사람들이 사석에서 자주 얘기하는 화젯거리다. "A부장은 주류이고, B과장은 비주류이고…" 하며 사람들을 분류하는 식이다. 도대체 주류와 비주류의 차이는 무엇이라 봐야 할까?

근본 차이는 그 패거리가 있느냐 없느냐로 구분할 수 있다. 먼저 비주류는 패거리가 없어 누군가에게 묻어가기 어렵다는 태생적 한계를 지니고 있다. 따라서 비주류가 살아남으려면 첫째, 탁월한 능력으로 무장하고 유지해야 한다. 끊임없는 단련과 철저한 자기관리가 필요하다. 즉 실력으로 살아남을 수밖에 없다. 둘째, 등 뒤를 조심해야 한다. 허점이 있는 순간 뒤를 지켜줄 아군이 없다. 약점이 있더라도 그 약점을 드러내선 안 된다. 한 치 흐트러짐 없이 스스로에게 떳떳하면서도 빈틈이 없어야 한다. 그래서 비주류는 외로운 법이다. 일본 전국시대의 검객인 미야모토 무사시宮本武藏가 비주류의 대표라 할 수 있다. 칼 한 자루와 함께 철저히 혼자였던 미야모토 무사시는 절대 등을 보이지 않았다. 셋째, 작은 공功에 만족해야 하고 큰 공을 탐하는 순간 주류의 집단적 공격을 받는다. 그래서 끊임없이 스스르 만족하고 스스로를 위안해야 한다. 비주류의 퇴장은 늘 쓸쓸하기 마련이다.

반면에 주류는 청탁淸濁을 가리지 않는다. 아부를 잘하는 것만으로도 살아남을 수 있다. 실력이 아니라 아부, 인간관계만으로도 묻어가기가 가능한 것이다. 세상에 아부를 싫어하는 사람은 없다. 어떠한 성군도 시간이 지남에 따라 아부하는 신하를 선호하게 된다. 의사결정권자(또는 상사)의 입장에서는 자신의 좌우를 떠받들고 있는 이들을 데리고 가게 되어 있는 것이기에 그 뜻에 맞춰가는 사람들이 결국 주류가 된다. 그래서 주류는 자신의 선호를 드러내서는 안 된다. 검은 얼굴로 속내를 감추고 상대를 맞출 수 있어야 한다.

《후흑학厚黑學》이라는 중국 고전에서도 얼굴이 두껍고 뱃속이 시꺼먼 사람이 출세하고 성공한다고 하지 않았던가. 예를 들어, 상사가 "주말에 약속 있나?"라는 말을 했을 때 실제로는 가족 모임이 있더라도 "주말에 특별히 일이 없고, 심심해서 오히려 누가 좀 안 불러주나 하고 있습니다"라는 말 정도를 할 수 있어야 한다. 상대의 의중을 읽으면서도 상대에게 부담을 주는 게 아니라 오히려 그 상대가 '내가 저이에게 고마운 일을 한다' 라는 인식을 갖게 하는 것이다. 그러면

"주말에 나랑 등산이나 가겠나?"라는 제안을 이번에만 하는 것이 아니라, 다음에 부를 일이 있거나 어떤 일을 시키고 싶을 때 그를 찾는 것에 부담이 없게 된다. 서서히 그는 편애의 대상이 되어가는 것이다.

인생을 돌아본다. 남들은 내 이력을 보고 주류였다고 할는지도 모르겠다. 하지만 냉철히 돌아봤을 때 내 삶의 궤적은 비주류에 가까웠던 것 같다. 아부에 능하지 않았고 내 생각을 표출하는 데 있어서 비교적 하고 싶은 말을 다 하고 살았던 것 같다. 주류처럼 행동했다면 겪지 않았을 곤경에 처하기도 했고, 오히려 반대로 소신껏 일했던 모습이 좋게 평가되어 좋은 자리에서 일할 수 있는 경험도 해볼 수 있었다. 언제, 어디에서 근무했든 그저 맡은 바의 역할에 충실하려고 노력했다는 것은 떳떳하게 말할 수 있을 것 같다.

인사혁신처장. 이 나이에 무얼 바라고 왔을까. 언론에 공개된 재산신고 내역을 보면 알겠지만 난 사실 먹고살 만하다. 골프 치고 놀기 좋아하는 내가 무슨 영화를 보겠다고 이 자리에 왔을까. 그저 우리 아이들이 살아갈 나라를 더 낫게 만드는 데 있어 조그만 힘이라도 보탤 수 있지 않을까 해서가 아니겠는가. 우리 손자들은 바나나를 먹고 싶을 때 먹고, 외국 여행 가고 싶을 때 가고, 지난 우리 세대가 누리지 못했던 풍요로움을 지금처럼 계속 누렸으면 하는 작은 바람에서가 아니었겠는가.

나에게도 허물은 있다. 허물은 있지만 사심은 없었다. 시정잡배와 같지는 않았다. 자리에 연연하지 않는다. 나로 인해 조금이라도 내일이 나아질 수 있다면 그걸로 족하다. 나는 오늘도 강호를 노래한다.

12

위대한 대한민국으로
가는 길

수개월 전 '서울·세종 간 고속도로'와 '경부고속도로 지하화(양재~
한남)'가 이슈가 되었다. 빠른 길이 없으면 새로 닦아야 하고 막히는
곳이 있으면 정체를 해소해야 한다는 것은 당연하다. 그러나 길을 닦
는 작업은 그 과정에 늘 어려움이 따르기에 논란이 생기기 마련이다.
그럼에도 불구하고 그 희생과 노력을 통해 훗날 얻을 편의가 크기 때
문에 어렵고 힘든 일이지만 오늘도 우리는 새로운 길을 닦는다.

　길 이야기를 꺼낸 건 우리 사회가 직면한 정체의 시기 그리고 무
지無知의 세계를 어떻게 개척해가야 할 것인가라는 생각이 들어서다.
지금은 과거 눈부신 성장의 길을 닦아온 선조들의 정신을 계승해 위
대한 대한민국으로 나아가야 하는 시기다. 위대한 대한민국이란 게
특별한 그 무엇이 아니다. 세 끼 먹기 힘들었던 그 시대로 돌아가지

말았으면 좋겠다는 이야기다.

우리 아이들은 전 세대보다 풍요로운 성장의 과실을 안정적으로 누리는 나라에서 살았으면 좋겠다. 개성공단을 방문하고 돌아오는 길에 그곳의 노동자들을 바라보며 북한 땅에 태어나지 않게 해주신 부모님께 감사했다. 우리 아이들도 훗날 부모님들께 감사할 수 있는 나라에 살기 바라는 소박한 꿈을 가져본다. 그런 위대한 대한민국으로 가려면 어떻게 해야 할까? 세상은 점점 더 빠르게 변하고 있는데 지금 우리는 무엇을 해야 하는가? 이 글을 읽는 여러분은 어떤 준비를 하고 있는가? 세 가지 차원에서 정리해볼 수 있다.

국민

첫째, 국민 개개인부터 작은 질서, 법과 원칙을 충실히 지킬 필요가 있다. 우리가 경제적으로는 빠른 성장을 일궈냈지만 아직 사회의식은 수준이 낮은 듯하다. 일본 여행을 가보면 주차 질서와 운전 문화에 감탄을 금치 못한다. 국민들의 의식 속에 질서를 잘 지켜야 한다는 인식이 확실히 박혀 있어 선진국이라는 느낌을 강하게 받게 된다. 우리도 기초적인 질서를 존중하고 지키는 데에서부터 재도약의 시동을 걸어야 한다.

그리고 이제 국민 참여의 시대다. 일반 국민도 목소리를 내기 시작해야 한다. 세상을 개선하는 일은 이른바 '목소리 큰 의식 있는 소수 시민'만의 전유물이 아니다. 일상의 문제를 이야기할 평범한 일반 국민의 목소리가 필요하며 침묵하고 있는 다수가 문제를 이야기하기 시작해야 한다. 이른바 '작은 목소리의 합창'이 필요하다. 한일전 축구경기에서 일본인들은 소리 지르고 악기를 불며 응원하고 한국인들은 마음속으로만 응원한다면 그라운드에서 뛰는 선수들이 느끼는 감정은 어떻겠는가. 사회문제에 대해, 정부에 대해 국민들도 목소리를 내줘야 한다. 참여하고 응원해줘야 한다. 그 작은 목소리로 미동이 시작되고, 또 그 미동은 진동으로, 진동은 파동으로, 파동은 메아리가 되어 돌아올 때 우리 사회가 발전할 수 있다.

국가와 정부

둘째, 공적 영역과 공무원도 변화해야 한다. 사회적 토양을 어떻게 다질 것인지 고민해야 한다. 지금의 시스템으로 세상의 변화 속도를 따라갈 수 있을까? 우리는 어떤 의사결정 구조로 가야 하고 어떻게 시스템을 개선해야 할까? 앞서도 언급했지만 감사, 정책과 규제, 긴 프로세스의 문제를 생각해야 한다. 정부의 사이즈는 매우 커졌고 의사결정의 프로세스는 느리다. 칸막이가 있고 이해 조정에도 많은 시간이 소요된다. 그래서 경중완급을 조절하자고 했다. 국도, 지방도, 임도를 구분하듯이 빠른 길로 갈 수 있는 것을 구분했으면 좋겠다. 산 넘어가던 길 대신 터널을 뚫으면 뚫는 당시에는 힘들어도 그 이후에는 계속 편하게 통행할 수 있다. 보다 심플하고, 빠르며, 스마트한 방향으로 제반 시스템을 고쳐야 한다.

성장시키지 못하는 경영자는 유죄라고 했다. 공직은 우리나라를 성장시킬 경영 의무가 있다. 조직의 역량 100을 투입한다고 봤을 때,

기존 정책을 정착 및 확산시키는 노력에 60, 개선할 과제에 30 을 투입한다면 적어도 10 정도는 미래 대비에 투자해야 한다. 그래서 국민과 정부의 시선이 어제와 오늘에 머물지 않고 내일을 바라보게끔 끌고 갈 책임이 있다. 이정문 화백은 1965년 〈서기 2000년대 생활 이모저모〉라는 만화를 통해 35년 후 우리들의 생활, 즉 2000년의 모습을 상상한 바 있다. 우리 정부는 미래를 그려보고 있는가? 앞으로의 속도와 시스템 문제도 내일을 보는 차원에서 주도적으로 이끌어야 한다.

한편 과거 우리 공직자들이 40의 자질로 100의 노력을 했다면, 지금은 100의 자질을 갖고도 40의 속도로 가는 듯하다. 100%를 가동하고 있지 않은 것이다. 그 재능이 아깝고 또 나라의 장밋빛 미래가 아쉽다. 공직자들은 앞서 이야기한 인사혁신의 여러 과제를 성공적으로 완수해 국민들로부터 유능하고 따뜻한 공무원으로 신뢰받으면서 행복한 국민과 경쟁력 있는 대한민국을 만들어가는 데에 힘을 모아야 한다. 사실 하늘 아래 새로운 것은 없다. 있는 것을 제대로 해보고, 알고 있는 방향대로 실천에 옮기는 것이 바로 성공으로 가는 길인 것이다. 거기에 우리 공직자들의 힘을 모아야 한다. 최선을 다해서 말이다.

사회적 컨센서스

셋째, 사회 전체적으로는 파이pie를 키울 생각을 해야 한다. 나눠 갖는 것에는 한계가 있다. 총합의 권리가 늘어야 하고 그때를 위해 개인의 몫을 유보할 수 있어야 한다. 전체를 위한 양보가 필요하다. 나 하나쯤이라는 생각을 깨는 정신적 움직임이 필요하다. 작은 기득권을 내려놓고 큰 이익을 만드는 길을 찾아야 한다. 컨센서스consensus를 만들어가는 것이 국가의 자산이다. 누가 갈등을 조장하고 있는가? 원인과 책임은 묻지 말고 어제와 오늘 이야기도 그만하고 이제 기득권은 내려놓도록 하자. 그리고 내일을 향해 가야 한다. '헬조선'이니 '흙수저'니 하는 논란도 도움이 되지 않는다.

　민주화의 성장통을 겪었고 산업화의 성장통도 겪었다. 힘들다고 했지만 우리는 해냈다. 지금도 상황은 마찬가지다. 성장의 정체기다. 성장의 고원에서 한 번 더 점프하려면 현존하는 방식으로는 안 된다. 지속 가능한 국가 발전을 위해 적폐와 악습을 끊고 제3의 길이 무엇인지 찾아 사회적 합의를 모아야 한다. 또 다른 새로운 도전을 해야 발전이 가능하다. 우리 주위 환경과 시스템을 이대로, 영원히 가져가도 괜찮을까?

　'할 수 있다'는 낙관적인 마음가짐과 같은 새로운 정신적 모멘텀이 필요하다. 우리에게 생각의 혁신 말고는 답이 없다. 우리에게 언제 위기 아닌 적이 있었나. 혁신하지 않은 적 있었나. 선대가 남긴 위대한 유산 중 무엇을 남기고 채우고 또 비울 것인가. 어떤 것이 위대한 유산일까.

　생존, 성공을 위한 그리고 지속 가능한 성장이 필요하다. 대한민국에서 또 한 번의 기적은 사회 시스템과 사고 프레임의 혁신 그리고 나아가 창조적 파괴를 감행할 수 있는 인재 양성을 통해 가능할 것이다.

씨앗을 뿌리고 꿈을 꾼다. 땅속에 박혀 겨우내 변화가 없더라도 봄이 되고 따뜻해지면 언젠가는 싹이 트기 마련이다. 인사혁신은 씨앗을 뿌리는 일이다. 그리고 길을 내는 일이다. 과거에 우리 선배들이 닦아왔듯이 우리 아이들이 살아갈 위대한 대한민국으로 가는 선진화의 길을 지금 닦아야 한다.

갈 길이 멀다. 그리고 변화는 쉽지 않다. 덩치가 커 마치 항공모함처럼 그 움직임이 잘 보이지 않는다. 그래도 나는 항모의 기수를 0.5도만이라도 틀고 싶다. 먼 훗날 오늘날의 작은 변화가 큰 성장으로 돌아오기를 염원하는 마음으로….

대한민국이 이대로 가다가는
우리 아이들의 살아갈 나라는 위기에 빠질 것이다.
큰 변화는 아니더라도 방향을 조금만 바꾸면
우리의 아이들은 그 위기에서 벗어날 수 있다.

*출처: 인사혁신처 국민서포터즈 사람나래 김다영

이것이 바로 현 시점에서 인사혁신이 중요한 이유다.

왜 정부에는
기업 경영 시스템이
도입되지 않는가

우리만 모르는 대한민국

주변을 돌아보면 '대한민국 국민이라 행복하다'고 하는 사람보다 '불행하다'고 하는 사람이 더 많다. 1945년 45달러였던 대한민국의 1인당 국민소득은 이제 3만 달러 고지를 눈앞에 두고 있다. 지난 70년간 667배 증가한 숫자다. 순위로 보면 세계 30위 수준이다. 또 국내총생산은 11위, 인구수는 26위다. 세계에서도 상위권에 드는 '좋은 나라'임에는 틀림없다. 우리만 모르는 대한민국의 모습일지도 모른다.

그동안 대한민국의 성공은 세계를 놀라게 했다. 현대 경영학의 아버지라 불리는 피터 드러커Peter Drucker는 "한국의 놀라운 경제성장을 제외하곤 20세기 역사를 논할 수 없다"고 평가했을 정도다. 하지만 지금의 상황을 보면 지난 70년 동안 쉼 없이 변화하고 발전하던 모습은 온데간데없고 어느 순간부터 성공에 안주하며 쉬운 길로만 걸어온 것은 아닐까 하는 생각이 든다. 앞으로 다가올 30년은 그때만큼 변화하고 우리만의 길을 개척해야만 지금과 같은 번영을 누릴 수 있을 것이다.

지금 우리가 해야 할 일은 미래에 필요한 경쟁력을 갖추는 것이다. 미래를 예측하는 것은 어렵지 않다. 1965년 이정문 화백이 35년 후인 2000년의 미래 모습을 만화에 담아 놀라운 적중률을 보여주었듯이 4차 산업혁명 시대에 과연 어떤 일이 일어나고 또 어떻게 대비해야 할지 우리는 충분히 예측할 수 있다. 이렇게 예측한 것과 이미 알고 있는 것을 국가적 차원에서 전략적으로 설계하고 대비한다면 2050년을 기쁘게 맞이할 수 있을 것이다.

공무원의 공공성과 기업의 효율성

공무원이 업무를 수행함에 있어서 가장 중요한 가치는 바로 공익과 공공성이다. 공익 실현을 위한 효율적 목표 달성 방법 모색에서 행정과 기업은 큰 차이를 보인다. 그 차이는 '공공성'의 가치를 중시하느냐, 또는 '효율성'에 더 무게를 두느냐에서 벌어지게 된다. 국민의 입장에서도 공공성이 지고지선至高至善의 가치를 갖는지 생각해봐야 한다는 것이다. 앞으로 국가 경영은 유료 경험의 측면이 더욱 강해질 것이고 행정 서비스와 서비스의 질 또한 더욱 중요해질 것이다. 왜냐하면 국민은 싼값에 질 좋은 서비스를 받길 원하기 때문이다.

우리를 둘러싼 환경은 끊임없이 변화해왔다. 기술이 변하고 세계가 하나의 시장이 되는 동안 기업도 함께 변화해왔다. 그동안 국가는 정도전 이래 바뀌지 않은 관료제와 육조직계제 시스템을 아직까지도 유지하고 있다. 정부도 기업처럼 관료제의 미래형에 대해 고민하고 변화를 시도해야 하지 않을까?

이제는 국민이 국가를 선택하는 시대다. 캘리포니아가 미국 연방에서 탈퇴하겠다는 '칼렉시트Calexit' 운동을 봐도 그렇다. 공공성과 효율성이란 측면을 재조명할 필요가 있다. 이 둘은 상반되는 것이 아니고 함께 추구할 수 있는 가치임을 마음에 새기고 미래 정부의 국가 경영은 어디로 갈 것인지 고민해야 할 때다.

그렇다면 현재 정부의 국가 경영에 무엇을 채워야 할까? 소프트웨어와 하드웨어, 크게 두 가지 측면에서 접근해봤다. 정부에 들어가서 보니 유연성, 문화, 비전, 가치, 신뢰, 효율성, 경쟁과 같은 단어를 잘 사용하지 않고 있었다. 그러나 이런 단어는 기업에선 아주 익숙한 단어다. 또 관리 사이클, 인재 관리, 전문화 시스템, 개혁, 교육 훈련, 인재 양성, 세계화와 같은 단어 또한 기업에게는 굉장히 편안한 단어다. 공무원 조직에서도 이러한 단어들이 익숙하고 편안해졌으면 한다. 공무원 조직의 미래가 바로 대한민국의 미래이기 때문이다.

우리 앞에 놓인 변화와 생존에 관해서

국내뿐 아니라 세계는 지금 일자리 전쟁 중이다. 일자리를 늘리고자 해외로 내보낸 생산기지를 자국으로 다시 불러오기 위해 '리쇼어링reshoring 정책'을 적극적으로 펴고 있다. 4차 산업혁명은 이러한 일자리 문제를 더욱 심화시킬 것이고 일자리를 놓고 기계와 경쟁해야 하는 상황을 피하기는 어려워 보인다. 기하급수적으로 일자리가 사라지는 환경에서 경쟁력 있는 일자리는 어떤 것일지 생각해봐야 한다.

알파고와 이세돌의 대결은 알파고의 압승으로 마무리되었고 인공지능의 시대가 우리의 예상보다 가까이 와 있음을 보여줬다. 하지만 동시에 기계의 존재는 절대 따라잡을 수 없는 사람의 가치를 더욱 빛나게 해줄 것이다. 사람의 '직관'은 그 어떤 데이터 처리장치보다 빠르고, '인성'과 '감성'은 세상에 없는 가치를 만들어낼 수 있다. 결국은 사람이다. 앞으로 다가올 4차 산업혁명 시대에도 대한민국이 가지고 있는 유일하고 가장 가치 있는 자원은 사람임에 틀림없다. 과거의 싱가포르, 대만, 이스라엘 그리고 대한민국이 작은 땅, 적은 인구, 미약한 자원을 보유했음에도 불구하고 성공적으로 적응하고 생존해왔듯이 말이다.

더욱이 재목材木이 아닌 재능才能이 있는 사람, 기계와 구별되는 '사람만의 특성'을 가진 인재人材는 더욱 주목받을 것이다. 경쟁력 있는 미래를 위해 '사람'의 역량을 높여 세계와 경쟁하고 아무도 가보지 못한 길을 나아가기 위한 준비가 필요하다. 대한민국의 미래는 우리가 지금부터 추진해갈 국가적 어젠다의 초점을 과연 어디에 맞춰갈 것인가에 달려 있다.

국가의 경쟁력은 공무원의 경쟁력

앞으로 국가의 경쟁력은 공무원의 경쟁력에서 찾을 수 있을 것이다.

지난 70년간의 눈부신 성장을 이루기까지 전 국민의 노력과 땀 그리고 우리 선대들의 각고의 눈물과 함께 국가 발전에 기여한다는 자긍심으로 똘똘 뭉친 공무원이 있었다는 것을 부인할 수는 없다. 하지만 지금 국가 발전의 중심에 공무원이 있다는 데 동의할 사람은 그리 많지 않을 것 같다.

계속해서 발전하고 변화하는 환경 속에서 공무원들은 과거에만 머물러 있는 것은 아닐까? 2000년부터 2015년까지 15년 사이 국가 예산은 4배 증가했다. 그런데 막대하게 예산이 증가한 만큼 운영 능력 역시 그에 걸맞는 발전을 이뤘을까? 또 정부의 모든 법과 제도에 대해 말해 보자. 공무원들을 움직이는 법과 제도는 1980년대 중반에 만들어진 것들이 대부분이다. 과연 그것이 환경과 시대의 변화에 발맞추고 현실을 반영해 개정되었을까? 이번엔 성장 면에서 살펴보자. 만일 매출이 100조에서 400조로 4배 성장한 기업이 있다고 했을 때 그 기업의 시스템, 즉 관리 방식, 인재 육성 및 인사 관리는 어떻게 변화되어 왔을까? 국가와 기업의 관리 방식을 단순히 비교해봐도 그 차이점이 확연히 드러날 것이다.

공무원이 국가에서 차지하는 비중을 한번 살펴보자. 2015년 고용노동통계에 따르면 근로자 수 총 1,627만 명(사업체 300인 미만 1,380만 명, 300인 이상 247만 명)이다. 이 중 공공 부문은 140만 명(공무원 101만 명, 공공기관 등 39만 명)이며 민간 10대 그룹 근로자 수는 96만 명이다. 그중 현대와 삼성 두 회사의 국가 GDP 기여도만 해도 20%에 달한다. 그러니 10대 그룹의 국가 기여도는 이야기할 필요도 없을 것이다. 반면 공공 부문에 해당하는 140만 명의 국가 GDP 기여도는 어느 정도일까? 2015년 한국 근로자 평균 연봉은 3,281만 원(전경련)이며, 공무원의 평균 연봉은 5,700만 원(인사혁신처)이다. 더 이상 공무원의 급여는 적지 않다고 볼 수 있다. 공무원과 공공기관의 인력 규모나 비중, 그들의 임금 수준 등을 봤을 때 미래 대한민국 공공 부문의 경쟁력 확보가 국가 발전에 차지하는 우선순위와 그 중요성은 어떨까? 이들의 생산성 증가 없이 어떤 미래를 꿈꿀 수 있겠는가.

그렇다면 우리는 시대를 어떻게 바꿔나가야 할까? 효율화된 조직과 사람 운영은 필수적인데, 정부는 어떤 혁신 전략을 쓰고 있으며 앞으로는 어떤 전략이 필요할지 깊이 생각해봐야 한다.

한국 양궁의 신

우리 대한민국의 국격을 높이고 국가 경제를 이끌어온 집단 중 세계적 성장의 견인차 역할을 하는 두 집단을 볼 수 있다. 하나는 스포츠이며, 또 하나는 기업이다.

이 두 집단은 치열한 경쟁을 통해 세계 속에 살아남았으며 충분한 경쟁력을 만들어왔고 또 세계 속에서의 일등 경험을 가지고 있다. 그들이 간 길은 하나하나가 혁신의 길이었고 도태되지 않았기에 그 모든 것이 가능했다.

우리는 이 두 집단의 세계 속 성공 요인을 깊이 조명해볼 필요가 있다. 스포츠의 경우 그 특징으로, 지연·학연·혈연을 뛰어넘어 오직 실력과 경쟁력으로 선수를 선발하고 승부한다는 점을 꼽을 수 있다.

기업은 여러 발전 단계를 거쳐 사람의 중요성과 잠재력 및 역량을 최대한 발휘하게 하는, 즉 인재 중시 경영을 통해 국제 경쟁에서 살아남았다. 한편 이러한 기업들이 1등으로 올라서는 동안 15년 전에 1등에서 10등을 차지하던 기업들은 역사의 저편으로 잊혀져갔다. 우리나라의 1등 기업 역시 10년 후를 보장할 수는 없다.

대한민국의 미래는 세계 속에서 일등 경험을 가진 두 집단이 걸어온 길과 그들이 앞으로 갈 길에서 대안을 찾아봐야 하지 않을까?

미래 정부의 필요조건

나름대로 생각하는 미래정부의 필요조건은 첫째, 정치와 행정의 투 트랙화다. 정치와 행정에 관한 여러 해석이 있지만, 만약 행정이 정치에 종속될 시 문제가 지속적으로 발생할 것이기 때문이다. 둘째는 행정의 효율성 · 세계화 · 경쟁력이다. 이를 위해, 또 대한민국 발전을 위해 국가를 운영하는 경영 시스템과 공무원의 능력은 획기적으로 혁신되어야 한다.

공무원 조직은 경직된 조직 문화로 인한 비효율, 잦은 순환전보로 전문성 및 책임성 저하 등 사람에 의한 크고 작은 문제들이 꾸준히 제기되어왔다. 이러한 문제를 최소화하고 공무원의 역할과 역량 개발을 재정립하려면 기업 경영 시스템 도입 등을 통한 과감한 혁신이 필요하다. 요컨대 이제는 공직 경쟁력 제고를 위한 조직 관리 및 기업 경영 시스템을 도입한 과감한 변화를 시작할 때다.

공직 소감

공직에 가보니 인사의 5단계인 'Business & HR Strategy', 'Culture', 'HR System', 'Work', 'Performance' 중에 'HR System', 'Work' 이 2단계만 존재하고 있었다. 인사는 만사가 아니라 인사는 만사의 시작이다. 전략과 문화 그리고 성과 관리는 쏙 뺀 '인사'는 있지만 '인사 관리'가 없는 것이다. 즉 누구나 인사를 하는 시스템을 대한민국 정부는 아직도 가지고 있다. 미래는 전문가의 시대다. 제4차 산업혁명이 시작되면 각 부문의 전문성이 무엇보다도 중요한 경쟁력이 될 것이며 공적 조직에서도 그야말로 '아무나 할 수 있는' 일은 기계의 몫이 될 것이다. 그래서 인적 자원 관리를 통한 위대한 대한민국 구현 방안을 만들어봤다(257쪽 표 참조).

공직을 마치며 많은 것들을 느꼈다.

첫째, 공무원의 문제만이 아닌 환경과 생태계의 문제가 함께 고쳐져야한다. 둘째, 공무원과 같이 훌륭한 인재가 제대로 평가받지 못하고 능력 발휘를 하지 못하는 시스템을 해결해야 한다. 셋째, 우리는 왜 'G3'의 꿈이 없는가. '세계로, 장기적으로, 미래로'라는 꿈이 없는가? 25년 전의 중국이 'G2'가 될 것이라고 누가 상상이나 했을까. 하지만 지금의 중국은 위안화를 세계로 파는 나라가 됐다. 대한민국도 그렇게 할 수 있다.

그러기 위해 우리는 시스템 정비, 문화와 공직 가치의 재확립, 지속 가능한 전략 수립을 추진하되 국가 운영 시스템에 경영 마인드를 도입하고, 모든 행정 서비스는 공급자 중심보다 국민 중심으로 시대와 미

인적 자원 관리를 통한 '위대한 대한민국' 구현 방안

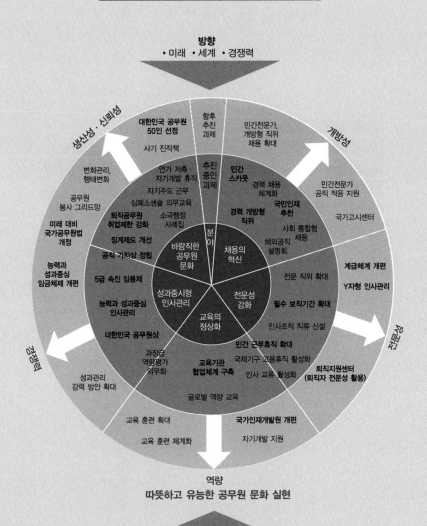

방향
• 미래 • 세계 • 경쟁력

생산성 · 신뢰성

개방성

전문성

경쟁력

항후 추진 과제

대한민국 공무원 50인 선정

사기 진작책

민간전문가, 개방형 직위 채용 확대

변화관리, 행태변화

연가 저축 · 자기개발 휴직

추진 중인 과제

민간 스카웃

경력 채용 체계화

민간전문가 공직 적응 지원

공무원 봉사 그리드망

자기주도 근무

자기주도 근무

국민인재 추천

국가고시센터

미래 대비 국가공무원법 개정

퇴직공무원 취업제한 강화

심폐소생술 의무교육

분야

바람직한 공무원 문화

채용의 혁신

경력 개방형 직위

사회 통합형 채용

계급체계 개편

능력과 성과중심 임금체제 개편

징계제도 개선

소극행정 사례집

해외공직 설명회

Y자형 인사관리

공직 가치상 정립

전문 직위 확대

5급 속진 임용제

성과중시형 인사관리

전문성 강화

필수 보직기간 확대

능력과 성과중심 인사관리

교육의 정상화

인사조직 직류 신설

대한민국 공무원상

민간 근무휴직 확대

퇴직지원센터 (퇴직자 전문성 활용)

과장급 역량평가 의무화

교육기관 협업체계 구축

국제기구 고용휴직 활성화

인사 교류 활성화

성과관리 강력 방안 확대

글로벌 역량 교육

교육 훈련 확대

국가인재개발원 개편

교육 훈련 체계화

자기개발 지원

역량

따뜻하고 유능한 공무원 문화 실현

목표
• 신뢰받는 공무원 • 행복한 국민 • 경쟁력 있는 대한민국

래를 대비하고 준비해야 한다. 그러면서 대한민국의 꿈을 만들어가야 할 것이다. 그래서 생각한 것이 '미래 국가의 시스템 경영'이다.

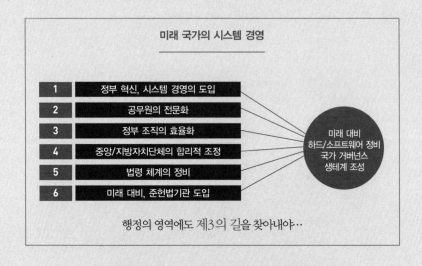

여기서 네 가지는 공무원 관련 사항이고, 두 가지는 환경 관련된 것이다. 이 여섯 가지를 실행하게 되면 미래를 대비하고 하드/소프트웨어를 정비해 국가 거버넌스 생태계를 조성할 수 있을 것이다. 단 어느하나를 고친다고 해서 해결될 문제는 아니다. 이것은 유기적이고 상호연관되어 있기 때문에 국가의 재혁신, 재조정, 구성 차원에서 접근하지 않는다면 4차 산업혁명 시대에 다른 나라보다 뒤처지게 될 것이다. 그렇기 때문에 행정 영역에서 제3의 길을 찾아야 한다고 생각한다. 이제까지 하지 않은 영역이라 그 길이 어디에 있느냐고 자꾸 물을 것이 아니라, 좋은 기업 경영 방식을 행정에 접목해보면서 이상적인 국가 경영 시스템을 만들어가자는 것이다.

미래 국가의
경쟁력 확보를 위한
제언

1. 정부 혁신, 시스템 경영의 도입

왜 정부는 프로세스를 재정비하지 않는가?

정부의 서비스도 이제 상품화되어 민간과 경쟁해야 한다. 미래 낮은 가격의 질 좋은 행정 서비스 제공을 위해 공무원들의 경영 마인드 역량이 필요하다. 민간과 경쟁하기 위해 기업 수준의 의사결정 스피드와 절차의 단순화, 신뢰를 바탕으로 한 규제 개혁이 요구된다. 관심 없이 늘 하던 대로 해온 것들을 이제는 내일을 위해 바꿀 필요가 있다.

공무원의 역량 개발을 위해선 새로운 정책을 적극적으로 실행할 수 있는 인사 체계와 일하는 방식 개편이 선행돼야 한다.

공무원의 신상필벌 강화

존중받는 공직 사회를 만드는 데 가장 중요한 것은 부정부패 척결이다. 하지만 부패 행위의 처벌보다 원인을 근절하는 예방과 순응에 중점을 두고 부정이 일어난 경우에는 엄격히 징계하도록 징계양정을 강화해야 한다. 기업에서의 부정은 즉각 퇴출인데, 공무원의 경우 법원에서 다시 공직으로 돌려보내는 경우를 종종 보았다. 엄격히 징계하지 않는다면 결국 부정을 양산하는 꼴이 될 것이다.

반면 성과에 대해서는 확실히 보상해야 한다. 싱가포르 정부가 공무원에 대해 높은 보수를 지급하는 것은 민간과의 보수 격차가 부패로 이어지지 않도록 하기 위한 노력의 일환이라 한다. 높은 보수 수준 유지는 성과중심주의 문화가 자리 잡고 있기에 가능하다. 공직의 무게와 가치에 따른 소명의식이 문화로 자리 잡을 수 있도록 하는 것이 중요하다.

2. 공무원의 전문화

인재 관리

공무원의 역량은 국내 유수의 기업과 견줘도 훌륭한 수준이다. 기업에서는 B급 인재를 뽑았다 해도 그들을 A급 인재로 성장시키는 시스템을 만들고자 심혈을 기울이는데, 정부는 원석 같은 S급 인재들을 임용하고도, 시간이 지나면서 잠재력을 발휘하지 못하는 B급 인재로 만들고 있다. 이는 인재들이 지닌 능력과 창의성을 지금보다 훨씬 더 발휘할 수 있는 환경과 프로세스가 없기 때문이다. 인재 육성에 대한 장기적 계획과 투자에 대한 관심을 가지고 기업의 인재 관리 시스템을 공직에 맞게 재구성해 제값 받는 공무원으로 양성해야 할 필요가 있다. 사람에 대한 지속적인 투자와 관리 시스템이 절실하다.

세계 일류 국가가 되기 위한 공무원의 전문화

공직도 민간이나 외국 정부와 경쟁해야 하는 시대다. 세계 정상이라는 평가를 듣는 스포츠와 기업의 성공은 계획적이고 조직적인 인사 관리를 통한 인재 개발 그리고 역량 향상이라는 목표를 향한 개인의 능력과 노력에 따른 것이다. 공직도 시대의 흐름에 맞는 인사 관리의 이원화가 필요하다. 100만 공무원 모두를 핵심 리더로 육성할 것이 아니라 특정 분야의 전문성을 쌓아가는 전문가와 전체를 관장하는 관리자로 나눈다면 책임감 있는 행정 구현이 가능할 것이다. 국민들이 원하는 행정 서비스를 창출할 수 있는 공무원의 전문화로 국가의 미래 변화를 준비하고, 그것을 성공적으로 수행할 수 있는 사람의 기반을 마련해줘야 한다.

3. 정부 조직의 효율화

정치와 행정 영역의 효율성

집행 부서와 정책 부서, 이렇게 투 트랙으로 조정하고 명확히 구분할 필요가 있다. 집행 영역의 경우 민간 부문에 맡길 수 있는 부분도 존재할 것이다. 또한 태스크Task, 프로젝트형 조직을 도입한다면 중복되는 업무를 조정해 낭비와 비효율을 줄이고 보다 효과적인 정책과 대책 마련이 가능할 것이다. 예를 들어 청년실업 문제는, 지금부터 향후 20년까지 이어질 문제인데, 청년실업 해소를 위한 사업을 특정 부처에서 진행하기보다 다양한 관련 부서에서 수행한다면 보다 정답에 가까워질 수 있을 것이라 생각한다.

정원 TO제 타파

증가하는 행정 수요를 충족시키기 위해서는 공무원의 양적 관리가 아닌 자질과 능력을 향상시키는 질적 관리가 이뤄져야 한다. 더욱이 1960년대부터 있어왔던 정원 TO제는 조직을 경직되게 한다. 이제 정부도 인사와 조직 기능 간 밀접한 연계와 협조를 통해 조직 구조 및 운영 방식의 변화를 검토해야 할 때다.

각 부처 기관장의 조직 및 인력 관리의 자율성 확대

기관장이 갖는 권한에 있어서, 예산과 조직 분야에서의 유연성과 자율성을 일정 부분 보장해주는 시스템 확장이 필요하다. 앞으로 신입 직원을 몇 명 채용할 것이며, 또 공무원 조직을 어떻게 양성하고, 평가하고, 유지할 것인가 하는 것이 인사 관리의 전반적인 사이클이다. 그런데 조직과 인사가 분리돼 있다 보니 각 부처의 역할과 특징이 반영되지 않은 인력 관리가 이뤄질 수 밖에 없다. 이는 행정 서비스의 양적, 질적 저하를 초래하고 공무원들의 사기 저하를 가져올 수 있다. 현재 공무원의 조직 정원 관리 시스템은 개인의 능력과 자질에 맞는 업무를 수행할 수 있는 기회 자체를 막고 있다. 기관장 업무의 창의성을 높일 수 있는 조직을 만들기 위한 자율성이 확대되어야 한다.

4. 중앙 · 지방 조직 기능의 합리적 조정

기능에 따른 지방청 단위의 재조정

현재 정부 조직은 지나치게 분화되어 기능적 측면에서 부처 간 중복이 발생하고 있다. 이를 조정하는 과정에서 부처 간의 갈등과 불필요한 조정 비용도 증가하고 있다. 이제는 유사 기능을 통합하고 단일 조직에서 담당할 수 있도록 조정해야 한다. 인력 · 경비 · 시설 등을 공용화하고 정부 서비스를 현장으로 이동해 대면 서비스를 제공하는 등 '사용자 친화적' 행정 서비스 트렌드가 요구된다.

- 중앙 행정 기능의 지방별 조직을 대국민 서비스로 확장해 '통합 One-Stop 센터'로 전환

- 일부 지방 조직의 실질적 수행을 할 수 있는 위임 사무화 추진

*병무청 본청 산하 11개의 지방병무청, 3개 병무지청, 국토부 산하 5개 지방국토 관리청(국토유지건설사무소), 11개 지방해양항만청

지방자치 조직의 적정성 검토

우리나라 지방자치의 정부 조직 형태는 획일적인 구조로 구성되어 있다. 지방자치단체의 특성, 환경, 여건을 고려하고 경제 단위에 맞는 적정 인구 규모로 재편해야 한다. 공무원 상당수는 국민 접점에 있는 대민 상담 창구를 맡은, 즉 국민이 체감하는 현장 공무원이기도 하다. 지방 공무원 관리는 그만큼 중요하다.

- 지방자치단체 3,741개(시/도/구/군청 243개, 동사무소 주민센터 3,498개), 평균 인구 3,039,827명(총인구 51,677,054명, 17개 시/도)를 경제 단위에 맞는 적정 인구 규모로 재편

5. 법령 체계의 정비

15년 전에 비하면 법안 발의 수는 엄청나게 늘었다. 19대 국회의 1개 법안당 평균 처리 기간은 517일이며 발의 법안은 1만 7,752건에 이른다. 이 중 가결은 40.2%에 그쳤다. 국회가 시간이 갈수록 법령을 더 많이 만들기 시작했다. 하지만 그 효율성은 어떠한가?

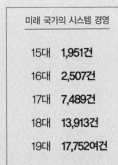

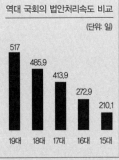

만일 어떤 규제를 개혁한다고 했을 때 그것이 법안 처리되어 집행하는 데에 407일이나 걸린다면, 과연 우리가 세계 변화에 시의적절하게 대응하고 경쟁력을 가질 수 있을지 의문이다. 이러한 스피드로 국가가 운영된다는 것이 어떤 의미일지 진지하게 돌아볼 필요가 있다. *2016년 우리나라 법령 수 4,326개(법률 1,429개, 대통령령 1,629개, 총리령·부령 1,268개)

이 많은 법령 수가 우리의 현실을 얼마나 반영하고 있을까. 사실은 이들 법령의 대다수가 1980년대 중반에 만들어진 것이다. 공직에 들어가서 보니 1980년대에 제정된 이래 35년 동안 아무도 손을 들어 고친 적이 없는 〈공무원윤리헌장〉이 있었다. 왜 아무도 고치지 않았을까? 되려 너무 많은 법이 경직성을 부르고 있는 것이 아닐까? 유연성과 창조성이 미래의 경쟁력인데 현실은 공무원들을 기계로 만들고 있는 것은 아닌지 우려가 된다.

구분	기간
법안처리속도	평균 517일
규제개혁속도	400일 이상

6. 미래 대비, 준헌법기관 도입

준헌법기관 형태의 미래 대비 전략기구 신설

세계 속의 대한민국에 도달하기 위해서는 정권 차원이 아닌, 정부가 바뀐다 하더라도 반드시 유지해야 할 기관이 필요하다. 장기적 성장에 관련된 계획과 구체적인 전략을 가지고 미래 국가의 비전과 성장을 연구하는, 즉 미래전략 부처를 준헌법기관으로 명시하자는 것이다. 이는 미래 국가의 경쟁력을 확보하기 위한 준비다.

5년 단임제 정권과 정부가 갖는 일관성 부족이 장기 전략의 혼선과 경시로 이어지는 것이다. 국가 번영을 위해 현재 세대가 미래 세대를 위해 무엇을 할 것인가를 목적으로 국가미래전략센터, 교육의 전반적인 개혁, 인재 중시 국가 경영, 즉 이 세 가지에 관련된 기능을 가진 준헌법기관을 위원회 형태 등으로 만들어 국가 장기 발전을 도모해야 한다. 기관 책임자의 임기 보장과 독립권을 부여하고 운영한다면 정부 주도로 미래를 준비할 수 있을 것이다. 이 미래전략 부처는 국가 경영의 세부적인 전략을 세우는 것이 아니라, 현재의 우리 위치와 현상을 명확히 파악하고 미래의 큰 밑그림을 그리고 완성해나가야 한다.

대한민국, 그래도 사람이다

국가란 무엇이고 국민 개개인에게는 어떤 의미인가? 또 국가의 힘과 수준은 어떤 영향을 미치는가? 이런 문제들을 우리는 대부분 잊은 채 살아간다. 정치와 정부의 역할 또한 피부에 와 닿기 쉽지 않다. 하지만 그 영향은 우리 삶의 어제를 만들어왔으며, 오늘과 내일을 만들어가는 정말 중요한 요소임에는 분명하다.

국민이 진정 원하는 것은 무엇일까?
국민이 어렵다고 느끼는 것들은 무엇일까?
불투명한 시대, 과연 국가의 역할은 무엇일까?
한치 앞을 예측할 수 없는 세계 흐름과 변화 속에서 과연 미래를 준비하는 국가 경영 시스템은 갖춰져 있는가?

정부에서 일하는 동안 나는 이런 생각들을 되풀이하곤 했다. 결국 정치와 정부의 역할은 국민이 '함포고복含哺鼓腹'하며 살 수 있는 환경을 만들고, 나아가 미래의 우리 후손들에게 그 꿈을 실현시켜주는 것이 아닐까.

우리는 지난 70년간 아무도 가지 않은 길을 걸으며 성공적으로 살아왔다. 그 시간 동안 우리 아버지 세대는 '매 끼니를 먹을 수 있는 삶'을 자식들에게 남겨주려고 각고의 노력을 다하셨다. 우리가 그들의 과실을 받아 누려온 만큼 다음 후손들이 '준비된 대한민국'에서 살 수 있도록 만들어주는 것이 현세대의 임무라고 생각한다.

빠른 속도로 준비 없이 달려온 여정이기에 촘촘한 국가 경영의 틀을 갖추진 못했지만 성공적인 70년을 이뤘다. 그러나 앞으로 펼쳐질 다이내믹한 미래는 다양한 안목으로 준비된 국가 경영 시스템이 필요하다. 인사는 국가를 위한 백 년 계획이다. 사람은 미래 국가를 성공적으로 만들어갈 핵심인 것이다. 사람을 움직일 가치와 철학이 없는 국가 경영은 실패할 수밖에 없다.

미래 국가도 생존과 성장을 생각하지 않을 수 없다. 무한경쟁 속 철저한 준비와 유연한 국가 경영 전략이 절실하다. 세계 여러 국가들의 패러다임 분석과 이를 토대로 한 치밀한 '인재' 전략 구상이 국가의 성장과 흥망을 결정지을 것이란 얘기다. 그것이 효과적으로 이뤄지려면 전략형 조직을 구축 및 실행하는 경영 프로세스와 시스템으로 국가가 운영되어야 한다. 다시 말해 미래적이고 전략적으로 구축된 국가 경영 시스템을 통해 국가의 현재 상황과 정보를 좀 더 정확히 판단하고 가치 중심의 경영을 해나가야 한다는 것이다.

지금까지 국가의 비전과 목표에 맞는 전략이 수립되어왔지만 대부분 과정에서 각 부문 간의 통합과 장기적 추진력의 문제로 그 효과가 충분히 나타나지 못했다. 그렇기에 전략과 실행(운영) 간 간격을 해소하는 통합 시스템 관리가 필요하다.

이제는 국가 간 경쟁에서 성공하기 위한 계획과 전략의 중요성을 생각해야 한다. 전략적 의사결정이 절실한 시대, 국가의 현 상태를 정확히 파악하고 인적 및 물적 자원을 재구성해 국가 가치를 최대한 높일 수 있도록 심혈을 기울여야 할 때다.

대한민국에 인사는 없다

제1판 1쇄 발행 | 2017년 3월 30일
제1판 3쇄 발행 | 2017년 5월 2일

지은이 | 이근면
펴낸이 | 한경준
펴낸곳 | 한국경제신문 한경BP
편집주간 | 전준석
책임편집 | 이혜영
기획 | 유능한
저작권 | 백상아
홍보 | 이진화 · 남영란
마케팅 | 배한일 · 김규형
디자인 | 김홍신
본문디자인 | 디자인 현

주소 | 서울특별시 중구 청파로 463
기획출판팀 | 02-3604-553~6
영업마케팅팀 | 02-3604-595, 583 FAX | 02-3604-599
H | http://bp.hankyung.com   E | bp@hankyung.com
T | @hankbp   F | www.facebook.com / hankyungbp
등록 | 제 2-315(1967. 5. 15)

ISBN 978-89-475-4187-9   03320